Rettungsdienst kompakt
Band 2

Einsatztaktik

Anmerkungen des Verlags

Die Autoren, die Herausgeber und der Verlag haben höchste Sorgfalt hinsichtlich der Angaben von Richtlinien, Verordnungen und Empfehlungen aufgewendet. Für versehentliche falsche Angaben übernehmen sie keine Haftung. Da die gesetzlichen Bestimmungen und wissenschaftlich begründeten Empfehlungen einer ständigen Veränderung unterworfen sind, ist der Benutzer aufgefordert, die aktuell gültigen Richtlinien anhand der Literatur und der Fachinformationen zu überprüfen und sich entsprechend zu verhalten.

Die Angaben von Handelsnamen, Warenbezeichnungen etc. ohne die besondere Kennzeichnung ®/™/© bedeuten keinesfalls, dass diese im Sinne des Gesetzgebers als frei anzusehen wären und entsprechend benutzt werden könnten.

Der Text und/oder das Literaturverzeichnis enthalten Links zu externen Webseiten Dritter, auf deren Inhalt der Verlag keinen Einfluss hat. Deshalb kann er für diese fremden Inhalte auch keine Gewähr übernehmen. Für die Inhalte der verlinkten Seiten ist stets der jeweilige Anbieter oder Betreiber der Seite verantwortlich.

Aus Gründen der Lesbarkeit ist in diesem Buch meist die männliche Sprachform gewählt worden. Alle personenbezogenen Aussagen gelten jedoch stets für Personen beliebigen Geschlechts gleichermaßen.

Bibliografische Information der Deutschen Nationalbibliothek

Die Deutsche Nationalbibliothek verzeichnet diese Publikation in der Deutschen Nationalbibliografie; detaillierte bibliografische Daten sind im Internet über http://dnb.dnb.de abrufbar.

Einsatztaktik

Achim Hackstein, Andreas Knickmann, Sven Neumann

Titelbilder: Sebastian Drolshagen, Dortmund

Satz: Bürger Verlag GmbH & Co. KG, Edewecht

Druck: Alfa print, s.r.o., Martin, Slowakei

ISBN 978-3-96461-073-7

Rettungsdienst
kompakt

Band 2

(herausgegeben von Frank Flake und Klaus Runggaldier)

Achim Hackstein
bearbeitet von Andreas Knickmann und Sven Neumann

Einsatztaktik

3., überarbeitete Auflage

S+K Verlagsgesellschaft Stumpf + Kossendey • Edewecht

Erläuterung der Piktogramme

Definition

Tipps

Merke!

Gefahren / Problem

Inhaltsverzeichnis

Abkürzungsverzeichnis

4A1C4E	Atemgifte, Angstreaktion/Panik, Ausbreitung, atomare Strahlung, chemische Gefahren, Erkrankung, Explosion, Einsturz, Elektrizität
AAO	Alarm- und Ausrückeordnung
ABEV	Absturz, biologische Gefahren, Ertrinken/Wassergefahren, Verkehr
ADR	Übereinkommen über die internationale Beförderung gefährlicher Güter auf der Straße
AG	Aktiengesellschaft
Aufl.	Auflage
BAB	Bundesautobahn
BOS	Behörden und Organisationen mit Sicherheitsaufgaben
BR	Bereitstellungsraum
bzgl.	bezüglich
bzw.	beziehungsweise
ca.	circa
CBRN	chemisch, biologisch, radiologisch, nuklear
CS	2-Chlorbenzylidenmalonsäuredinitril (nach B. B. Corson und R. W. Stoughton benannt)
DIVI	Deutsche Interdisziplinäre Vereinigung für Intensiv- und Notfallmedizin e. V.
DV	Dienstvorschrift
EA	Einsatzabschnitt
EDV	elektronische Datenverarbeitung
EHEC	enterohämorrhagische Escherichia coli
EL	Einsatzleiter
ELW	Einsatzleitwagen
EU	Europäische Union
Fw	Feuerwehr
FwDV	Feuerwehr-Dienstvorschrift
GAMS	Gefahr erkennen, Absperren, Menschenrettung einleiten, Spezialkräfte nachfordern
ggf.	gegebenenfalls
GW-San	Gerätewagen Sanität

inkl.	inklusive
km	Kilometer
KTW	Krankentransportwagen
Lkw	Lastkraftwagen
LNA	Leitender Notarzt
Ltg.	Leitung
m	Meter
MANV	Massenanfall von Verletzten oder Erkrankten
Min.	Minute
Mio.	Million
mmHg	Millimeter Quecksilbersäule
MZF	Mehrzweckfahrzeug
NEF	Notarzteinsatzfahrzeug
ÖEL	Örtliche Einsatzleitung
OrgL RD	Organisatorischer Leiter Rettungsdienst
Pkw	Personenkraftwagen
PRIOR®	Primäres Ranking zur Initialen Orientierung im Rettungsdienst
RTW	Rettungswagen
s.	siehe
s. u.	siehe unten
SEG	Schnelleinsatzgruppe
SK	Sichtungskategorie
STaRT	Simple Triage and Rapid Treatment
THW	Bundesanstalt Technisches Hilfswerk
Ü-MANV	überörtlicher MANV
u. a.	unter anderem
u. U.	unter Umständen
usw.	und so weiter
V	Volt
VAK	Verletztenanhängekarte
z. B.	zum Beispiel

Vorwort

Mehr als 90 % aller rettungsdienstlichen Einsätze dienen der Versorgung eines einzelnen Notfallpatienten. Sie spielen sich überwiegend im häuslichen Umfeld ab und es stehen dabei internistische Krankheitsbilder im Vordergrund. Diese Lage wird im Team „bewältigt", dafür wurde das Rettungsfachpersonal geschult. Aber es sind eben nur 90 % der Einsätze. Was ist mit den Restlichen?

Hierunter fallen Einsätze, die gemeinsam mit der Feuerwehr und der Polizei bewältigt werden müssen. Abseits der Routine ist u. a. der Massenanfall von Verletzten oder Erkrankten (MANV) ein Ereignis, das den Rettungsdienst vor besondere Herausforderungen stellt. Aber warum ist das so? Anders als beim Individualnotfall muss beim MANV mehr als ein Betroffener versorgt werden. Dies führt dazu, dass Standardabläufe nicht mehr greifen und die Besatzungen der Rettungsmittel vor allem zu Beginn eines solchen Ereignisses erst einsatztaktische Maßnahmen ergreifen müssen, bevor sie mit der eigentlichen medizinischen Versorgung beginnen können. Die ersten Einsatzkräfte beim MANV müssen die Organisation der Einsatzstelle übernehmen. Hierunter fällt, neben der Ersteinschätzung eine geeignete Rückmeldung an die Leitstelle zu geben, damit weitere Rettungskräfte alarmiert werden können. Bei der Ordnung des Raumes müssen die Anfahrtswege weiterer Rettungsmittel festgelegt, Patientenablagen definiert oder ein geeigneter Bereitstellungsraum festgelegt werden, bevor weitere Einsatzkräfte zielgerichtet in die Einsatzlage eingewiesen werden. Maßnahmen wie Vorsichtung, lebensrettende Sofortmaßnahmen, Sichtung, Erstversorgung usw. folgen.

Mit dem vorliegenden Buch sollen interessierten Einsatzkräften des Rettungsdienstes nicht nur „Maßnahmen" vermittelt, sondern diese vor allem mit Hintergrundwissen zu grundsätzlichen Fragestellungen der einsatztaktischen Einsatzführung untermauert werden.

Es ersetzt zwar kein Lehrbuch oder umfangreiche Checklisten – eine solche finden Sie zur eigenen Nutzung auf Seite 101. Dennoch stellt es „Kompakt-Wissen“ zur Verfügung und soll Ihnen helfen, scheinbar aussichtslose Situationen mit Besonnenheit und Kompetenz zu bewältigen. Es soll vor allem die Botschaft transportieren, dass „Medizin ohne Taktik genauso erfolglos ist wie Taktik ohne Medizin“.

1 Fallstudie BAB

1.1 Lagebeschreibung

Ein nebeliger Tag im Norden, nahe der dänischen Grenze. In der Kooperativen Regionalleitstelle wird es plötzlich unruhig im Lageraum der Polizei. Gleichzeitig erscheint auf den Monitoren der kommunalen Seite ein Einsatz, der durch die Polizei angenommen wurde. Der Disponent übernimmt den Einsatz und fragt den Notruf ab, der mit übergeben wurde. Leider sind die Informationen nur sehr vage, der Anrufer vor Ort kann aufgrund des Nebels auch nicht viel erkennen. Der Disponent entschließt sich, zunächst nur einen RTW und ein NEF zu alarmieren: „Verkehrsunfall BAB, unklare Anzahl Verletzte, Alarm für RTW und NEF".

Der RTW 2 ist heute mit Ihnen, einem erfahrenen Notfallsanitäter sowie einer unerfahrenen Rettungssanitäterin besetzt. Das Notarzteinsatzfahrzeug fährt ein Notfallsanitäter, zwar immer leicht hektisch, aber mit langjähriger Einsatzerfahrung und Qualifikation zum Organisatorischen Leiter Rettungsdienst, der zugleich auch in die OrgL-Gruppe des Kreises und in der Freiweilligen Feuerwehr seines Heimatortes eingebunden ist. Als Notärztin ist eine junge, engagierte Anästhesistin tätig.

Die Fahrzeit zur gemeldeten Unfallstelle beträgt etwa zwölf Minuten für beide Fahrzeuge, alle Fahrzeuge fahren über dieselbe Anschlussstelle „Harrislee" der A 7 in Fahrtrichtung Flensburg/Hamburg auf die Autobahn. Der Verkehr staut sich bereits bis zur Auffahrt, obwohl bis zur gemeldeten Unfallstelle noch ca. 2,5 km zu fahren sind. Die Sichtweite beträgt etwa 50 bis 60 m, leichter Nieselregen hat eingesetzt.

RTW und NEF erreichen gleichzeitig den Anfang des Staus, die Unfallstelle beginnt genau unterhalb der 500-m-Hinweistafel für die nächste Anschlussstelle der Autobahn (A 7 Abfahrt Flensburg). Sie sehen vor sich eine nicht überschaubare, in der Dichte des Nebels verschwindende

Ansammlung verbeulter und über die gesamte Fahrbahnbreite verteilter Fahrzeuge. Dazwischen stehen Menschen, sie winken und gestikulieren wild, einige knien am Boden, andere schauen in Autos hinein, verletzte Personen sind nicht sofort erkennbar. Der Raum zwischen Stauende und Beginn der Unfallstelle ist sehr eng und eigentlich schon mit den beiden ersten Rettungsmitteln nahezu vollständig ausgefüllt. Noch bevor Sie aussteigen können, kommen Menschen blutüberströmt auf Sie zu und rufen um Hilfe. Im Hintergrund erkennen Sie plötzlich Feuerschein. Den Aussagen der Menschen entnehmen Sie, dass es augenscheinlich auch eingeklemmte Personen und einen brennenden Kleinlaster geben soll.

1.2 Aufgabenstellung

Bitte beschreiben Sie die weitere Vorgehensweise und nehmen Sie sich dazu am besten ein Blatt Papier und einen Stift. Machen Sie sich ein Bild von der Lage, vielleicht sogar eine dazu passende Skizze. Übertragen Sie die Lage gedanklich in Ihren persönlichen Einsatzbereich und erarbeiten Sie Ihre individuelle Vorgehensweise. Setzen Sie dazu die Ihnen tatsächlich zur Verfügung stehenden Mittel und Kräfte ein. Diskutieren Sie einmal im Kreis Ihrer Kollegen und Kolleginnen, wie diese die Lage einschätzen.

In den folgenden Kapiteln erfahren Sie erst einmal mehr über die Themen Führungslehre und Einsatztaktik unter Berücksichtigung etwaiger Gefahren. Mit diesem Wissen wenden wir uns dann der geschilderten Lage erneut zu.

2 Führungslehre

2.1 Führung – was ist das?

Grundsätzlich wird Führung als richtungweisendes Handeln zum Erreichen eines bestimmten Zieles beschrieben. Sicherlich kann das Militär als Ausgangsbasis verschiedener Führungsphilosophien bezeichnet werden, denn dort wurden von Anfang an große Massen von Menschen mit einem bestimmten Ziel, nämlich eine Schlacht oder den Krieg für sich zu entscheiden, geführt. Zur Führung gehören immer ein Führender und Geführte, wobei in diesem Zusammenhang folgendes Zitat von Antoine de Saint-Exupéry wichtig erscheint:

> *„Ein Führer, das ist einer, der die anderen unendlich nötig hat."*

Dies sei jedem, der Führung noch immer absolutistisch betrachtet, als Merksatz mitgegeben.

Zwar verläuft Führung straff und zielorientiert, jedoch sollte nie vergessen werden, dass es Menschen sind, die geführt werden. Und diese benötigen, um ihre Tatkraft entfalten zu können, auch bei noch so straffer Führung Entfaltungsfreiräume. Führung bedeutet daher, Ziele vorzugeben, zugleich aber auch zu vertrauen und Verantwortung mit zu delegieren.

Eine Führungspersönlichkeit sollte immer als „Speerspitze" vorangehen, nichts von den ihr unterstellten Personen verlangen, was sie nicht selbst machen würde, und auch ihre Handlungen und Befehlsgebungen selbstreflektorisch betrachten. Es gilt, Befindlichkeiten auszublenden und ein gemeinsames Ziel zu definieren: vor die Lage kommen.

2.2 Führung im Rettungsdienst

Führung im Rettungsdienst ist – wie Führung in den meisten helfenden Berufen – mit Problemen behaftet, wenn keine eindeutigen hierarchischen Strukturen installiert sind und sie ausschließlich vom Willen zu helfen gelenkt ist. Um Führung effizient zu gestalten und diese als Instrument zu nutzen, müssen Probleme betrachtet und entsprechend darauf eingegangen werden. Ansonsten sind Führungserfolge eher unwahrscheinlich und zwischenmenschliche Konflikte vorprogrammiert. Vor allem diese aufwachsenden Konflikte, egal auf welcher Basis, sind für Führungsabläufe in keiner Weise förderlich und können durchaus für ein fatales Ergebnis verantwortlich sein. Führung im Rettungsdienst wird grundsätzlich von zwei Führungssituationen geprägt:

1. Bereitschaftssituation,
2. Einsatzsituation.

Zwar steht nachfolgend die Führung im Einsatz im Mittelpunkt, jedoch beeinflusst das Miteinander in der Bereitschaftssituation wesentlich die Qualität der Einsatzabwicklung. In der einsatzfreien Zeit an der Rettungswache wird der Grundstein des Vertrauens in die Führungsfähigkeiten des Transportführers, Einsatzleiters (EL) oder Wachleiters gelegt. Innerhalb der Wachgemeinschaft ist keine hierarchische Führung notwendig, die vorgegebenen Ziele können als Team erreicht werden. Jeder erfüllt seine Aufgaben möglichst optimal, Führung kann sich in der Regel auf Zielvorgaben, Motivation der Mitarbeitenden und Kontrolle beschränken. Steuernd eingreifen muss die Führungskraft nur dann, wenn Abweichungen von den gemeinsam vereinbarten Zielen erkennbar werden. Der Faktor Zeit spielt eine untergeordnete Rolle. Somit sind die Kooperation und das Eingehen auf Impulse aus der Wachmannschaft für den Umgang untereinander und für die perspektivische Entwicklung elementar.

Führung im Einsatz findet unter völlig anderen Rahmenbedingungen statt. Der Faktor Zeit spielt oftmals eine wichtige Rolle, das taktische Ziel ist klar abgesteckt, individualmedizinisch soll der Patient möglichst optimal stabilisiert und versorgt werden. Anschließend wird er in den meisten Fällen in eine geeignete Zielklinik transportiert. Jedem Teammitglied ist eine definierte Rolle zugewiesen. Führung findet nur im Rahmen kurzer prägnanter Absprachen statt, ansonsten greifen klar festgelegte Algorithmen. Bestehen innerhalb des Teams Unklarheiten bezüglich der Diagnosestellung oder Behandlungsform, so ist es durchaus ein Muss, ein „10 für 10" (eine kurze Teambesprechung) zu nutzen, um eine kurze Situationsreflexion durchzuführen sowie Lösungsansätze zu finden. Die beschriebene Form der Führung ist auf die Behandlung eines einzelnen Patienten ausgerichtet. Im Fall eines Großschadensereignisses, ein sogenannter Massenanfall von Verletzten/Erkrankten (MANV), versagen diese angelernten und stark automatisierten Führungsmechanismen in der Regel. Das Ziel besteht jetzt nicht mehr darin, individualmedizinisch vorzugehen, sondern viele einzelne dieser sonst immer autark agierenden Teams zu einem großen Ganzen zusammenzuführen. Das taktische Ziel der Rettungsdienstmitarbeiter definiert sich neu. Durch die gebotene Umstellung von der Individual- zur Katastrophenmedizin entstehen oftmals Probleme bei den einzelnen Rettungsdienstmitarbeitenden. Es gilt jetzt, nur kurz den einzelnen Exponierten (in der Lage beteiligte Person) einzuschätzen (Vorsichtung), dabei ggf. lebensrettende Sofortmaßnahmen wie Blutstillung, Atemwegssicherung, stabile Seitenlage durchzuführen, eine Patientenanhängetasche zu verteilen und sich dann schnellstmöglich dem nächsten Exponierten zu widmen.

Das größte Problem besteht darin, dass der Mitarbeiter im Rettungsdienst meist keine besondere Führungsqualifikation besitzt und ein regelmäßiges Training im Bereich MANV nicht durchgeführt wird. Die meisten Einsätze gestalten sich individualmedizinisch, wobei das Rettungsteam allein oder lediglich mit Unterstützung eines weiteren Rettungsmittels (RTW/NEF) agiert. Hierbei existiert in der Regel keine höhere Führung. In einer Großschadenslage müssen sich die einzelnen Teams der Einsatzabschnittsleitung Medizinische Rettung und den entsprechend installierten Unterabschnittsleitern unterstellen. Durch das ungewohnte Unterstellungsverhältnis und der damit einhergehenden

Befehlsgebung und -befolgung reagieren Rettungsdienstmitarbeitende unter Umständen emotional ablehnend und sind geneigt, Anweisungen vor deren Ausführung zu diskutieren. Es entsteht sehr schnell die Gefahr einer Grundsatzdiskussion, beispielsweise über das Pro und Kontra einer Patientenablage oder eines Bereitstellungsraumes für die Rettungsmittel. Darüber hinaus droht immer die Gefahr, dass Individualmedizin betrieben wird, obwohl andere Handlungsstrategien erforderlich wären. Diese Probleme und Gefahren führen unweigerlich dazu, dass Patienten eine verzögerte Behandlung zukommt und diese dadurch zusätzlich Schaden nehmen können.

Führung im Rettungsdienst bedeutet: Retter ...

- *sind Individualisten*
- *haben eine hohe medizinische Fachkompetenz*
- *haben eine gering ausgebildete Führungskompetenz*
- *kennen keine definierten Führungsebenen*
- *verfügen teilweise über eine ausgeprägte Diskussionsfreude.*

Trotz eines Umdenkens bei den Bildungseinrichtungen der Rettungsdienste und der Etablierung von zumindest 80 Stunden Führungsausbildung in der dreijährigen Berufsausbildung zum Notfallsanitäter, wird man sich mit dem geschilderten Problem auch zukünftig beschäftigen müssen. Wichtig ist, dass sich der jeweilige Führungsverantwortliche dessen bewusst ist, Probleme frühzeitig erkennt und entsprechend gezielt und konsequent entgegensteuert.

Bei größeren und/oder unübersichtlichen Einsatzsituationen müssen Führungsebenen installiert werden, um die jeweilige Lage durch Struktur zu beherrschen. Hierfür bedarf es entsprechender Führungsqualifikation der einzelnen Abschnitts- und Unterabschnittsleiter, vergleichbar mit einem Gruppenführer, Zugführer oder Verbandsführer. Diese Strukturen existieren im Katastrophenschutz und der Feuerwehr, sind aber nur bedingt auf den Rettungsdienst übertragbar. Aktuell sind die wesentlichen Führungsebenen des Rettungsdienstes durch den Organisatorischen Leiter Rettungsdienst (OrgL RD) und den Leitenden Notarzt (LNA) zu besetzen.

Seit längerem wird in diesem Bereich ein Umdenken gefordert. Sind nicht nur die Fortbildungen zum OrgL RD, auch bedingt durch den Föderalismus, bundesweit inhaltlich und qualitativ so unterschiedlich wie Tag und Nacht, so ist auch der unterstellte Kräfteansatz einer Einsatzleitung Rettungsdienst in Verbandsstärke oder größer einzuordnen. Somit empfiehlt es sich, die rettungsdienstliche Führungsstruktur im operativ-taktischen Einsatzdienst der Feuerwehr anzupassen. Gruppen-, Zug- und Verbandsführerausbildung sollten dem rettungsdienstlichen Anspruch angepasst und gemäß FwDV 2 Führungskräften im Rettungsdienst angeboten werden, so wie es bereits vereinzelte Bildungsstätten etablieren. Hiermit wäre es beispielsweise vorstellbar, NEF-Fahrer zum Gruppenführer und OrgL RD weiter über die Stufe Zugführer zum Verbandsführer fortzubilden.

2.3 Führungsstile

Vor allem im Rettungsdienst erfolgt Führung in ständig wechselnden Situationen, oftmals durch ein und dieselbe Person. Der Wachleiter ist zugleich Notfallsanitäter, oftmals auf dem NEF eingesetzt und kann in Doppelfunktion zusätzlich als OrgL RD im Landkreis tätig sein. Ein und dieselbe Person muss jetzt in führungstechnisch unterschiedlichen Situationen leiten, wobei auch die Führungsziele völlig voneinander abweichen. Diese Tatsache hat zur Folge, dass Führung zu einem schwierigen Unterfangen wird und oftmals die Situationen nicht mehr klar voneinander trennbar sind. Plötzlich wird im Wachalltag „diktatorisch“ angeordnet, man vermutet sich mitten in einem Großschadensfall.

Unterschiedliche Führungsstile vermischen sich unbewusst und verunsichern die Mannschaft. Führung in verschiedenen Situationen kann nur gelingen, wenn der Führungsstil, die Art und Weise zu führen, sich der Situation anpasst. Aus der Fülle diskutierter und propagierter Führungsstile werden im Folgenden die zwei erfolgversprechendsten dargestellt.

Führungsstile stellen keine Garantie für Führungserfolge dar. Sie beschreiben ein gewisses Führungsverhalten. Wichtig ist aber, dass in diesem Verhalten die Person als Führungskraft auch tatsächlich wiedererkennbar ist. Schauspieler sind schlechte Einsatzleiter und Wachleiter, die Maske zerbricht zu leicht.

2.3.1 Kooperativer Führungsstil

Der kooperative Führungsstil wird geprägt durch einen offenen Austausch von Gedanken, Überlegungen, Erfahrungen, Informationen und Meinungen. Diese Form der Führung berücksichtigt in hohem Maße:

- vertrauensvoller Umgang
- Mitarbeitende in Entscheidungen einbeziehen
- offene Kommunikation
- Erwartung von Eigeninitiative
- durchsetzungsfähige Führungskräfte
- Transparenz
- gelebte Fehlerkultur
- gegenseitige Wertevermittlung und Wertschätzung
- Teamarbeit und Rollen.

Die Führungskraft agiert als Vorbild und Prozessgestalter, sie stößt Entwicklungen an und hat eine koordinierende sowie vermittelnde Rolle. Hier sind Menschen mit Charisma und innovativen Gedanken gefragt. Die Mitarbeitenden werden zu echten Partnern, dürfen mitarbeiten und sich aktiv einbringen. Ziel sollte es sein, dass jede Mitarbeiterin sich in ihrer Aufgabe wiederfindet, sich selbst entwickeln und ihre persönlichen Ziele realisieren kann.

Positive persönliche Beziehungen und Vertrauen sind die Basis für eine erfolgreiche Aufgabenerledigung.

Die Führungskraft ist kein „Macher", sondern Vordenker, Motivator und Mensch, der sich selbst nicht so wichtig nimmt, hinten anstellt sowie Objektivität wahrt. Führung erfolgt durch gemeinsame Zielvereinbarungen, wobei die Informationen ungehindert fließen. Dabei ist es wichtig, dass sie sich ungefiltert sowohl von oben nach unten als auch umgekehrt entfalten. Charakteristisch für diese

Form der Führung ist auch, dass Konflikte nicht als störend empfunden werden. In jedem Konflikt liegt die Chance der Veränderung und Verbesserung. Er wird daher aufgegriffen, offen angesprochen und objektiv bewertet. Aber: In der Bereitschaftszeit kann der kooperative Führungsstil dazu beitragen, die Motivation der Mitarbeitenden zu erhalten. In der Einsatzsituation ist er nicht anwendbar.

2.3.2 Autoritärer Führungsstil

Für die Führungssituation „Einsatz" muss ein Führungsstil gefunden werden, der die besonderen Umstände des Einsatzgeschehens berücksichtigt und trotzdem dem Mitarbeiter eigene Entscheidungsspielräume lässt, in diesem Fall der Einsatzkraft. Wichtig ist auch, dass sich dieses Führungsverhalten auf die Einsatzsituation begrenzt.

Im Gegensatz zum kooperativen Führungsstil findet beim autoritären Führungsstil nur ein begrenzter Gedanken- und Informationsaustausch statt. Es existieren eindeutige Unterstellungsverhältnisse, die einer erkennbaren und zweckdienlichen Hierarchie folgen. Entscheidungen werden hingenommen und diskussionslos umgesetzt, soweit sie mit sittlichen und ethischen Wertevorstellungen vereinbar sind. Dazu muss die Führungskraft von allen anerkannt sein, sowohl im hierarchischen Unterstellungsverhältnis als auch durch ihre Fachexpertise für die zu bewältigende Einsatzlage. Wichtig ist, dass Aufgaben und die damit verbundenen Ausführungsverantwortungen delegiert werden. Die fachgerechte Durchführung der Aufgabe obliegt der Einsatzkraft selbst.

Als Führungskraft bei Feuerwehr, Rettungsdienst, THW oder in den Hilfsorganisationen sollte man sich auch grundsätzlich für seine Einsatzkräfte verantwortlich zeigen. Ist es doch oberstes Ziel, gemeinsam die Lage zu bewältigen. „Einzelkämpfer" werden hierbei erfolglos bleiben. Ein autoritärer Führungsstil mit einhergehender Fürsorge für die Unterstellten wird auch als *patriarchalischer/matriarchalischer Führungsstil* bezeichnet.

> *Der autoritäre Führungsstil ...*
> - *ist aufgabenbezogen*
> - *ist auf die Zeit des (Notfall-)Einsatzes beschränkt*
> - *ist nicht Ausdruck persönlicher Machtgelüste*
> - *dient primär dem reibungslosen Einsatzablauf*
> - *schließt die Bemühungen um Kooperation auch an der Einsatzstelle nicht aus.*

Die klassischen verbalen Kommunikationsmittel zur Durchsetzung von Entscheidungen sind Befehl und Anweisung. Der Gehorsam der Mitarbeitenden ist idealerweise nicht erzwungen, sondern Anweisungen werden freiwillig und mit hoher Eigenmotivation umgesetzt. Der autoritäre Führungsstil setzt bei Mitarbeitenden Verständnis für die besondere Situation und Vertrauen in die Fähigkeiten der Führungskraft voraus. Jedoch ist auch eine Vertrauensbasis seitens der Führungskraft gegenüber den unterstellten Mitarbeitenden, bei Großschadensfällen beispielsweise eingesetzten Unterabschnittsleitern, von hoher Bedeutung. Dieses gegenseitige Vertrauen lässt sich zu einem großen Teil nur in der Bereitschaftssituation aufbauen.

> *Ohne Vertrauen ist keine Delegation und somit keine adäquate Führung möglich.*

2.3.3 Situatives Führungsverhalten

Grundsätzlich bleibt die Tatsache bestehen, dass Führung immer situativ ist und die automatische Anwendung **eines** erlernten Führungsstils selten zum Erfolg führen wird. Die Führung der Mitarbeitenden wird immer dann „richtig“ sein, wenn die Aufgabe optimal gelöst wurde und gleichzeitig die Mitarbeitenden zufrieden sind. Vor allem die Mitarbeiterzufriedenheit ist ein sicherer Gradmesser für optimales und situations-

Abb. 1: Entscheidungsspielräume der Führung

gerechtes Führungsverhalten. Somit werden sich kooperative und autoritäre Stile je nach Führungssituation abwechseln.

Was sich innerhalb der beiden Führungsstile deutlich verändert, sind die unterschiedlichen Entscheidungsspielräume der Mitarbeitenden und der Führungskraft. Ein Problem wechselnder Führungssituationen liegt unter Umständen in der Persönlichkeit der Führungskraft. Oftmals gelingt der Wechsel des Führungsstils nicht. So wird z. B. im Rahmen der Bereitschaftszeit – also in der Rettungswache – genauso hierarchisch und autoritär geführt wie im Einsatz. Oder im Einsatz wird einfach darauf vertraut, dass die Mitarbeitenden, die jetzt Einsatzkräfte sind, schon wissen, was getan werden muss. Schnell geraten derartige Einsätze außer Kontrolle, schnell stellt sich auf der Rettungswache ein schlechtes Betriebsklima ein. Wichtig ist es daher für die Führungskraft zu erkennen, in welcher Führungssituation sie sich gerade befindet, um den Führungsstil entsprechend anzupassen.

2.4 Führungssystem

Einsatzführung wird von vielen Faktoren beeinflusst. Sie ist keine spontan stattfindende Handlung, Führung muss systematisch und im Rahmen eines immer wieder ablaufenden Prozesses praktiziert werden. Einsatzführung muss organisiert werden, nichts darf dem Zufall überlassen sein – nur so lassen sich Zufälle beherrschen. Denn genau das ist Ziel effizienter Führung: Lageentwicklungen, die aus dynamischen Situationen entstehen, zu erkennen und zu kompensieren. Das Führungssystem nach der „Dienstvorschrift 100 – Führung und Leitung im Einsatz“ (DV 100, Abb. 2) wurde lange Zeit als geschlossener Kreislauf dargestellt. Wird er unterbrochen oder fehlt eine der Führungskomponenten, ist keine Führung möglich. Im Folgenden sollen die einzelnen Komponenten des Führungssystems vorgestellt werden, soweit diese für die ersteintreffende und somit einsatzführende Rettungsfachkraft, den OrgL RD und/oder den LNA von Bedeutung sind.

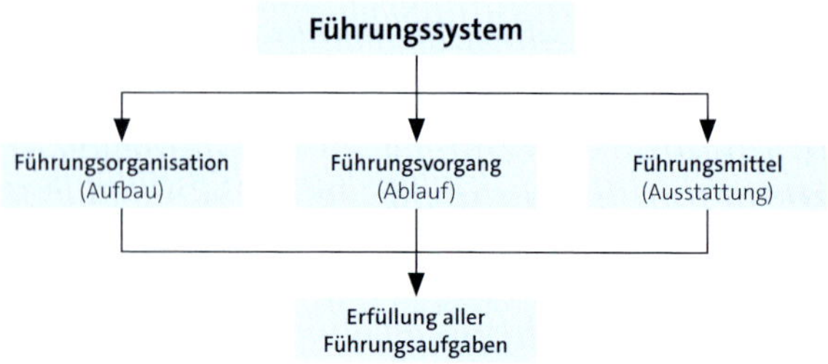

Abb. 2: Führungssystem gemäß DV 100

Die Leistungsfähigkeit eines Führungssystems zeigt sich daran, inwieweit die Führung ihre Absicht verwirklichen und Lageänderungen schnell und sachgerecht begegnen kann. Entsprechend der DV 100 gelten zur Erfüllung von Führungsaufgaben, unabhängig von der Institution Feuerwehr oder Rettungsdienst, immer folgende Führungsgrundsätze:

- Aufgaben, Befugnisse und Mittel müssen aufeinander abgestimmt sein.
- Aufgabenbereiche müssen überschaubar und klar abgegrenzt sein.
- Unterstellungsverhältnis und Weisungsrecht müssen klar definiert werden.
- Die Zusammenarbeit mit anderen, nicht unterstellten Kräften und Stellen muss gewährleistet werden.
- Die Pflicht zur Fürsorge und zur Erhaltung der Leistungsfähigkeit gegenüber Einsatzkräften muss beachtet werden.
- Auch bei Anwendung eines kooperativen Führungsstils bleibt die Gesamtverantwortung des Einsatzleiters unberührt.

2.4.1 Führungsorganisation

Wie erwähnt, darf Führung nicht zufällig stattfinden. Führung muss bereits vor Eintritt der rettungsdienstlichen Lage organisiert und geplant werden, soweit dies möglich ist. Eine der wichtigsten Vorplanungen sind die Klärung eindeutiger Zuständigkeiten und

Führungshierarchien sowie die Beschreibung der Kommunikations- und Entscheidungswege im Rahmen des Führungsorganigramms. Diesen Bereich deckt innerhalb des Führungssystems die Führungsorganisation ab. Um eine leicht reproduzierbare und nachvollziehbare Struktur abzubilden, erscheint eine Unterteilung in die Einsatzführung vor Ort und die Führungsstrukturen in nachgeordneten Einrichtungen sinnvoll. Hier ist es wichtig, die daraus resultierende Aufgabenverteilung zwischen Leitstelle und Einsatzleitung vor Ort verbindlich zu regeln. Es empfiehlt sich, bereits in der Vorplanung ein entsprechendes lineares Organigramm des Einsatzabschnittes (EA) Medizinische Rettung zu erstellen. Hier sollen möglichst auch Funkrufgruppen vordefiniert sein und sich alle Einsatzkräfte im Rahmen ihrer Aufgaben wiederfinden.

2.4.2 Führungskräfte im Rettungsdienst

Führung funktioniert nicht ohne qualifizierte Führungskräfte. Jede Notfallsanitäterin und jeder Rettungssanitäter sollte Grundsätze der Führungslehre beherrschen. Nachfolgend werden zwei Führungskräfte aus dem Bereich Einsatzführung vorgestellt, mit denen die Rettungsfachkraft in der Regel im Rahmen einer größeren rettungsdienstlichen Lage konfrontiert wird und sinnvoll zusammenarbeiten muss.

Organisatorischer Leiter Rettungsdienst (OrgL RD)

Der OrgL RD übernimmt im Rahmen eines MANV oder einer anderen größeren rettungsdienstlichen Lage, z. B. einer Evakuierung oder Räumung, organisatorisch-taktische Aufgaben. Er bildet gemeinsam mit dem LNA die Örtliche Einsatzleitung (ÖEL) oder rettungsdienstliche Einsatzleitung. Neben der Qualifikation Notfallsanitäter sollte er mindestens über eine fünfjährige Berufserfahrung im Rettungsdienst verfügen. Seine taktischen Kenntnisse erwirbt er in einem speziellen Lehrgang zum OrgL RD, der in seiner Dauer und den Inhalten je nach ausbildender Organisation oder Bundesland sehr unterschiedlich sein kann. Die Lehrgangsdauer liegt zwischen drei Tagen und drei Wochen, in

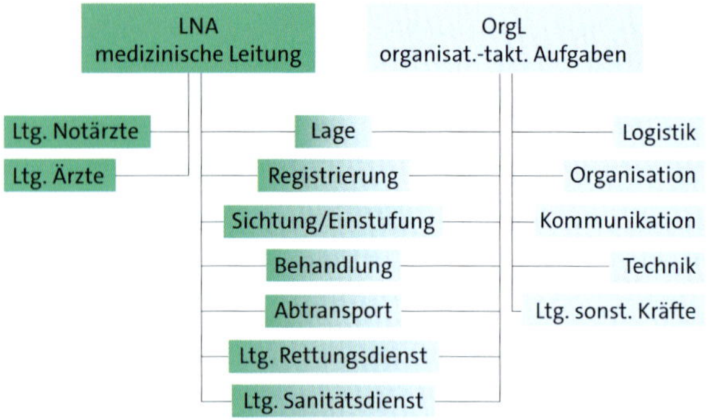

Abb. 3: Aufgaben LNA und OrgL

derselben Spannbreite sind die Inhalte vertreten. Grundsätzlich sollte ein Lehrgang folgende Themen abdecken:

- Einsatztaktik
- Rechtsgrundlagen
- Planübungen
- dynamische Führungssimulation
- Entscheiden unter Stress
- Crew Resource Management
- Führungsmittel/ Führungsorganisation
- Gefahrgut und Rettungsdienst
- Zusammenarbeit mit Feuerwehr und weiteren Dritten.

In manchen Bundesländern, z. B. Hessen, wird als Zugangsqualifikation noch die Ausbildung zum Zugführer in Hilfsorganisationen verlangt. In Versorgungsbereichen mit Berufsfeuerwehren, wie größtenteils in Nordrhein-Westfalen, ist der OrgL RD oftmals ein Beamter des gehobenen oder höheren feuerwehrtechnischen Dienstes mit einer besonderen Zusatzqualifikation. Aufgrund der hohen Anzahl der dem OrgL RD unterstellten Einsatzkräfte befindet er sich auf der Ebene der Führungsstufe C. Daher empfiehlt sich dringend die zusätzliche Qualifizierung zum Verbandsführer. Typische Aufgaben des OrgL RD sind die

Herstellung der Raumordnung innerhalb des Einsatzabschnittes Medizinische Rettung mit Patientenablagen, Bereitstellungsraum, Transportorganisation und evtl. sogar Behandlungsplatz, Sicherstellung der Kommunikation, Organisation der Kräfte- und Patientenregistrierung sowie Einsatzstellenversorgung. Führungstypisch ist, dass diese Aufgaben zwar in seiner Verantwortung liegen, dennoch aber von ihm konsequent und mit der entsprechenden Durchführungsverantwortung versehen delegiert werden müssen.

> *„Wer arbeitet, verliert die Übersicht!"*

Leitender Notarzt (LNA)

Neben organisatorisch-taktischen Aufgaben sind insbesondere medizinische Entscheidungen mit oftmals weitreichenden Konsequenzen für die Betroffenen und die Einsatzkräfte zu treffen. Jeder normale Notarzt ist in der Regel aufgrund fehlender Einsatzerfahrung und nicht vorhandener taktischer Qualifikation in einer MANV-Lage überfordert. Deshalb empfahl die Deutsche Interdisziplinäre Vereinigung für Intensiv- und Notfallmedizin e. V. (DIVI) im Jahr 1990 die Einführung eines Leitenden Notarztes. Sie definierte für diesen – im Gegensatz zur Führungskraft OrgL RD – sofort auch ein klares Anforderungs- und Aufgabenprofil sowie die Ausbildungsinhalte.

> *„Der Leitende Notarzt (LNA) übernimmt Leitungsaufgaben im medizinischen Bereich beim Massenanfall von Verletzten und Erkrankten sowie bei außergewöhnlichen Notfällen und Gefahrenlagen. Er hat alle medizinischen Maßnahmen am Schadensort zu leiten, zu koordinieren und zu überwachen." (Bundesärztekammer)*

Aus dieser Aufgabendefinition lässt sich eine eindeutige Weisungsbefugnis in allen medizinischen Angelegenheiten ableiten. Trotzdem bedarf es immer verbindlicher Regelungen im Rahmen einer Dienstordnung, wer wem auf welcher Ebene in welchen Entscheidungen und Fragestellungen gegenüber weisungsbefugt ist. Und weil dies vielerorts unterschiedlich geregelt wurde, insbesondere das Unterstellungsverhältnis

OrgL RD/LNA, lassen sich an dieser Stelle keine allgemeinverbindlichen Aussagen formulieren. Die Ausbildungsinhalte, bundesweit einheitlich und bindend, stellen sich wie folgt dar:

- gesetzliche Grundlagen
- Einsatztaktik
- technische Fortbildung
- medizinische Fortbildung (Sichtungsprozess)
- Einsatzübung.

Zu den einzelnen Oberbegriffen finden sich im Positionspapier der DIVI ausformulierte Unterpunkte. Der Ausbildungsumfang sollte laut Empfehlung der Bundesärztekammer 40 Stunden betragen, der Lehrgang hierzu wird meist von den Landesärztekammern bzw. in Kooperation mit diesen auch von freien Bildungsträgern angeboten. Wenn auch möglicherweise aus Sicht des OrgL RD die Ausbildung zum LNA besser organisiert und dezidierter durch verschiedene Institutionen festgeschrieben wurde, so macht doch nur die Kooperation an der Einsatzstelle den Einsatzerfolg aus. Informelle Statusdiskussionen und die Übernahme der Aufgaben des jeweils anderen führen letztendlich zu Missverständnissen und Verwirrung im Führungsablauf, in letzter Konsequenz zu einem Einsatzmisserfolg.

2.4.3 Arbeit in der Örtlichen Einsatzleitung

Autor: Claus Kemp

Die Örtliche Einsatzleitung (ÖEL) – in einigen Bundesländern auch als Technische Einsatzleitung bezeichnet – setzt sich aus einem OrgL RD sowie einem LNA zusammen. Der Einsatz einer ÖEL ist nur dann sinnvoll, wenn sie gegenüber den im Einsatz tätigen Kräften – Rettungsfachpersonal wie auch Ärzten – weisungsbefugt ist. Diese Weisungsbefugnis beschränkt sich nicht allein auf Rettungskräfte und Notärzte aus dem eigenen Rettungsdienstbereich, sondern gilt auch für die aus benachbarten Rettungsdienstbereichen zur Unterstützung entsandten Einsatzkräfte sowie sonstigen Kräfte, die zur rettungsdienstlichen Bewältigung der Lage an der Einsatzstelle tätig werden (Unterstellungsverhältnis); hierzu zählen z. B. auch niedergelassene Ärzte, die ihre Mitwirkung anbieten. Die Weisungsbefugnis beschränkt sich auf den Bereich der rettungsdienstlichen Versorgung und betrifft nicht andere am Einsatz beteiligte Fachdienste wie Feuerwehr und/oder Polizei.

An vielen Standorten bestehen Führungsunterstützungsgruppen, die OrgL RD und LNA im Einsatzfall unterstützen und es ihnen ermöglichen sollen, sich auf ihre originären Aufgaben zu konzentrieren. Insbesondere im Hinblick auf eine umfassende Einsatzdokumentation, eine vollständige Patientenregistrierung und die ständige Erreichbarkeit der ÖEL für die anderen am Einsatz beteiligten Fachdienste wie auch die Leitstelle ist es unerlässlich, dass die ÖEL durch weiteres Personal ergänzt wird. Die Führungsassistenten sollten dabei sowohl den notwendigen rettungsdienstlichen Hintergrund haben (u. a. um medizinische Diagnosen korrekt verstehen zu können) als auch die zur Erfüllung der Aufgaben notwendige Ausbildung, z. B. zum Sprechfunker oder Lagekartenführer. Das Personal verfügt dabei nicht über die Weisungsbefugnis gegenüber eingesetzten Kräften, sondern gibt auf Anordnung die Weisungen der ÖEL an unter- oder übergeordnete Instanzen weiter.

Damit die ÖEL am Einsatzort bei einer Großschadenslage tätig werden kann, sind bestimmte Voraussetzungen zu erfüllen. Hierzu zählen umfassende Möglichkeiten zur Kommunikation (digitale Handfunkgeräte, Mobiltelefon, Telefax, EDV und Webanbindung), Vordrucke zur Patientenregistrierung und Einsatzmittelerfassung sowie Unterlagen über die Behandlungsmöglichkeiten der Kliniken der Region und spezielle Einrichtungen (z. B. Lage der nächsten Druckkammer). Darüber hinaus sollte eine Führungsunterstützungsgruppe die Möglichkeit bieten, auch bei widrigen Witterungsbedingungen ein ordnungsgemäßes Arbeiten zu ermöglichen, indem eine Besprechungsmöglichkeit zur Verfügung steht. Diese sollte räumlich getrennt sein von den Fernmeldeeinrichtungen, um eine ungestörte Lagebesprechung zu gewährleisten. Hierfür kommen z. B. Fahrzeuge mit Besprechungsraum

Abb. 4: Besprechung am ELW 1

(ELW 2) oder Schnelleinsatzzelte zum Einsatz.

Eine Führungsunterstützungsgruppe wird sich im Regelfall aus ehrenamtlich tätigen Helfern zusammensetzen, bei denen oftmals von einer gewissen Vorlaufzeit ausgegangen werden muss (Alarmierung ggf. vom Arbeitsplatz, Anfahrt zur Unterkunft, Umkleiden, Ausrücken). Daraus ergibt sich, dass sich in der Initialphase des Einsatzes die ÖEL ausschließlich aus OrgL RD und LNA zusammensetzen wird. In diesem Fall sollte bereits vor Ort befindliches Personal zur Unterstützung herangezogen werden, wenn dies zur Erfüllung der Aufgaben der ÖEL notwendig und vertretbar erscheint. Daher sollten auch Mitarbeitende des (Regel-)Rettungsdienstes in der Lage sein, die zu diesem Zeitpunkt notwendige Unterstützung zu leisten, z. B. beim Führen von Nachweisen, der Patientenregistrierung oder dem Besetzen des Funks. Den frühestmöglichen effektiven Einsatz der ÖEL zu sichern, ist dabei ein wertvolles Ziel, da nur so ein strukturiertes Arbeiten vor Ort umgesetzt werden kann. Doch gilt es hierbei immer zu beachten, dass neben der schnellen Sicherstellung der Besetzung von Unterabschnitten besonders der zügigen Sicherstellung der Erstversorgung hohes Augenmerk obliegen muss.

Insofern die einzelnen Landesrettungsdienstgesetze den Einsatz einer ÖEL zur Lenkung der Maßnahmen fordern, hat diese Forderung einen vorbeugenden Charakter. Damit die ÖEL im Einsatz die ihr zugedachten Aufgaben erfüllen kann, muss sie bereits vor dem Eintritt des Schadensfalls installiert werden. Nur eine vorhandene und entsprechend hochwertig ausgebildete ÖEL ermöglicht die Vorbereitung, in Form von Einsatzübungen und gemeinsamen Fortbildungen, auf ein künftig eintretendes

Schadensereignis. Auch sollte es nicht dem Zufall überlassen werden, ob und wann eine ÖEL zum Einsatz kommen kann. Um immer eine funktionierende Führungsstruktur für die rettungsdienstliche Versorgung zu sichern, sollte entsprechendes Personal jederzeit zur Verfügung stehen und den Einsatzort schnell erreichen können. Hierzu müssen ein entsprechender Personalpool gebildet, Dienstpläne erstellt und Alarmstichworte in der Alarm- und Ausrückeordnung (AAO) hinterlegt werden.

Auch haftungsrechtliche Gründe machen es unabdingbar, eine ÖEL im Vorhinein einzurichten, da eine offizielle Bestellung der Aufgabenübernehmenden durch den Träger des Rettungsdienstes als erforderlich angesehen werden muss. Nur so können durch OrgL RD und LNA Entscheidungen getroffen werden, die unter Umständen in die Rechte Dritter eingreifen; es handelt sich dabei nicht um „private“ Entscheidungen irgendwelcher Personen, sondern um solche, die durch die ÖEL im Namen des Trägers des Rettungsdienstes (zumeist Kreis bzw. kreisfreie Stadt) getroffen werden. Dementsprechend müssen OrgL RD und LNA grundsätzlich durch den Rettungsdienstträger offiziell bestellt sein.

Die Frage, wann eine ÖEL einzusetzen ist, kann nur schwer pauschal beantwortet werden, da dies in hohem Maße von der vorhandenen Infrastruktur des Rettungsdienstbereiches und den Kapazitäten der regionalen Krankenhäuser abhängig ist. Sinnvoll ist dennoch eine verbindliche Regelung in Form einer Dienstanweisung für die Disponenten der Leitstelle, in der klar festgelegt ist, unter welchen Bedingungen die ÖEL einzusetzen ist. Als Kriterien kommen hierbei z. B. die Zahl der eingesetzten Rettungsmittel in Betracht, aber auch bestimmte Einsatzstichwörter. Darüber hinaus kann auch der vorbeugende Einsatz einer ÖEL bei Lagen indiziert sein, in denen die Möglichkeit besteht, dass es zu einer Gefährdung zahlreicher Personen kommt. Dies ist klassischerweise bei Gefahrgutaustritten oder Großbränden der Fall, weitere Anlässe können polizeiliche Lagen wie z. B. Geiselnahmen oder Bombendrohungen sein.

Abb. 5: Kennzeichnung an der Einsatzstelle

2.4.4 Führungsmittel

Als Führungsmittel (Ausstattung) werden alle Hilfsmittel bezeichnet, die zur professionellen Führung nötig sind und diese unterstützen. Sie werden entsprechend der DV 100 unterteilt in Mittel zur Informationsgewinnung, Informationsverarbeitung und Informationsübertragung. Grundsätzlich wird unterschieden zwischen drahtgebundenen und drahtlosen Führungsmitteln. Da rettungsdienstliche Führung meist eine erhöhte Mobilität erfordert, haben drahtgebundene Führungsmittel in diesem Zusammenhang eine untergeordnete Bedeutung.

Selbstverständlich fallen auch Mittel zur Kennzeichnung an Einsatzstellen unter den Begriff „Führungsmittel", da sie zur Eindeutigkeit strategischer Entscheidungen beitragen. Erst wenn Personen, Fahrzeuge und/oder Einsatzräume eindeutig gekennzeichnet sind, können diese von jeder Einsatzkraft erkannt und zugeordnet werden.

2.4.5 Führungsvorgang

Im rettungsdienstlichen Einsatz werden die Entscheidungen mittlerweile systematisch individualmedizinisch getroffen. In einem Großteil der Einsätze führt diese Entscheidungspraxis auch zum Erfolg – insbesondere dann, wenn nur ein Patient zu behandeln ist oder bereits Erfahrungen mit derartigen Verletzungs-/

Tab. 1: Führungsmittel nach DV 100

Informations-gewinnung	Informations-verarbeitung	Informations-übertragung
Einsatzpläne, objektbezogen	Checklisten	Einsatzbesprechungen
Einsatzpläne, ereignisbezogen	Vordrucke	Melder, Verbindungspersonen
Einsatzleiter-handbuch	EDV-Systeme	drahtgebundene Kommunikations-mittel
topografische Karten	geografische Ortungssysteme	drahtlose Kommunikationsmittel
Nachschlagewerke	Flipcharts, Tafel im ELW	webbasierte Kommunikation
Verzeichnis der Erreichbarkeiten	Lagekarten-darstellung	Befehls-/ Meldeschemata
EDV-gestützte Auskunftssysteme	Einsatzbesprechungen	Alarmierungs-einrichtungen

Erkrankungsbildern vorhanden sind. In unübersichtlichen und unbekannten Lagen jedoch, z. B. bei einem Gefahrgutunfall, einem Massenanfall von Verletzten oder einer polizeilichen Lage, die in der Regel nicht jeden Tag eintreten, fehlt dem Rettungsfachpersonal die nötige Einsatzerfahrung. Gefühlsmäßige Entscheidungen helfen hier nicht weiter und müssen durch klar strukturierte und standardisierte Entscheidungsfindung ersetzt werden. Auch ist zu bedenken, dass systematisch getroffene Entscheidungen in aller Regel zu einem besseren Ergebnis führen und daher nicht nachgebessert werden müssen, was dann in letzter Konsequenz doch wieder die Zeit bis zum optimalen Mitteleinsatz verkürzt. Dementsprechend sollten auch für diese Einsatzszenarien Abläufe vordefiniert und Sichtungsalgorithmen implementiert sowie trainiert werden. Grundsätzlich gelten immer vier „goldene Regeln der Führung“:

- die Zeit nutzen
- einen Schwerpunkt setzen
- den eigenen Verantwortungsbereich gliedern
- eigene Kräfte einteilen.

Diese allein reichen aber bei Weitem nicht aus, zügig „vor die Lage“ zu kommen und somit komplexe Einsatzsituationen zu beherrschen. Um den Einsatzauftrag eben nicht nur nach Gefühl und Erfahrung zu erfüllen, muss ein Schema bekannt sein, das hilft, die zu treffenden Entscheidungen systematisch mit Informationen zu untermauern, und das in allen Einsatzlagen anwendbar ist. Aus dieser Forderung heraus ist der Führungsvorgang entstanden.

„Der Führungsvorgang ist ein zielgerichteter, immer wiederkehrender und in sich geschlossener Denk- und Handlungsablauf“ (DV 100).

Innerhalb des Führungsvorgangs (Abb. 6) werden zunächst im Zuge der **Lagefeststellung** Informationen gesammelt, diese sind in der **Planung** zu beurteilen, um einen fundierten Entschluss zu fassen. Dieser spiegelt sich in der **Befehlsgebung** wider und wird durch diese umgesetzt. Nach der Umsetzung beginnt der Kreislauf von vorn mit der Kontrolle bereits umgesetzter Maßnahmen. Greifen sie, wird weiterhin engmaschig kontrolliert. Greifen sie nicht, muss umgehend neu geplant und befohlen werden. Dabei kann die Einsatzlage mit einer Waagschale verglichen werden: auf der einen Seite die eigene Lage, in der anderen Waagschale die fremde Lage

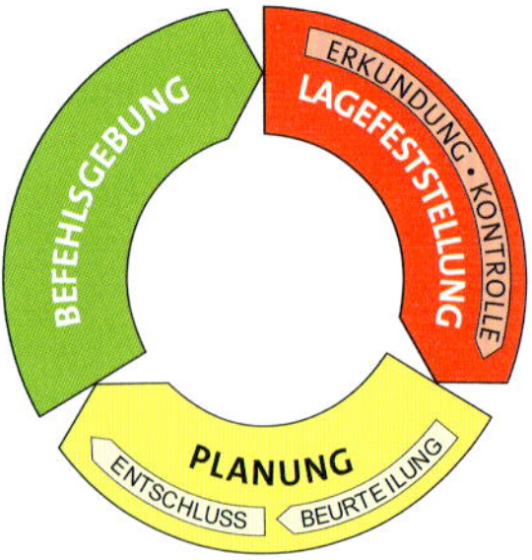

Abb. 6: Führungsvorgang

(Schadenslage). Taktisches Ziel der Lagebewältigung muss es sein, die beiden Schalen der Waage in einer angemessenen Zeit in ein Gleichgewicht zu bringen. Hierbei sind die regelmäßige Überprüfung und ggf. Anpassung der „**Kräfte-Mittel-Bilanz**“ von elementarer Bedeutung. Auch die vorausschauende Positionierung weiterer Redundanzkräfte im Bereitstellungsraum Medizinische Rettung trägt zum Gelingen bei. Ziel ist, die schnellstmögliche Rückkehr zur Individualmedizin und damit die Abkehr von den Regeln der Katastrophenmedizin zu erreichen.

Als Taktik bezeichnet man den zielgerichteten Einsatz von Menschen und Material.

Um den Führungsvorgang zielgerichtet, also taktisch sinnvoll durchlaufen zu können, ist die Festlegung des taktischen Ziels zur Abarbeitung einer größeren rettungsdienstlichen Einsatzlage Voraussetzung. Nur so lassen sich Rettungsfachpersonal und Versorgungsmaterial zielgerichtet einsetzen.

Nach der Sicherstellung der Erstversorgung, ist jeder Patient nach angemessener Primärbehandlung mit dem für ihn geeigneten Rettungsmittel in das für sein Verletzungs-/Erkrankungsmuster geeignete Krankenhaus zu transportieren. Die Transportreihenfolge Sichtungskategorie I (SK I), SK II und als letztes SK III ist zwingend einzuhalten.

Die Formulierung „jeder Patient“ beinhaltet insbesondere, dass die Erstversorgung und Registrierung aller Patienten sichergestellt sein müssen; Ausnahme: SK-I-Patienten mit Transportpriorität (Blutung in Körperhöhle, polytraumatisierte Schwangere, Polytrauma mit Schädel-Hirn-Trauma). Ansonsten ist die Gefahr sehr groß, dass Patienten durch einzelne Teams behandelt und anschließend direkt abtransportiert werden. Durch eine solche Vorgehensweise geht jeder Überblick über die Lage verloren. Eine möglichst sinnvolle Verteilung der Patienten auf die Krankenhäuser ist nicht mehr möglich, da sich deren momentane Behandlungskapazitäten durch Spontantransporte ständig verändern.

Grundsätzlich schließt sich die Sicherstellung der Erstversorgung an die initiale Ersteinschätzung und folgende Vorsichtung an. Abhängig ist sie von den vor Ort zur Verfügung stehenden Rettungskräften und -mitteln. Hierbei ist es ratsam, im Vorfeld einen Erstversorgungsschlüssel definiert zu haben.

Die Eignung eines Transportmittels richtet sich nach dem Verletzungs-/Erkrankungsmuster, dem Zielkrankenhaus, der Entfernung zu diesem sowie den zur Verfügung stehenden Rettungsmitteln und sollte grundsätzlich auch unter zeitlichen Aspekten geprüft werden. So ist der Rettungshubschrauber nicht immer für den schnellen Transport eines Patienten geeignet. Verfügt die Zielklinik über keinen Landeplatz, erfolgt der Transport des Patienten zwischen Luftrettungsmittel und Klinik mithilfe eines RTW, dann darf auch die dadurch anfallende zusätzliche Transportzeit nicht unberücksichtigt bleiben. Und vielleicht stellt dann doch der bodengebundene Transport die schnellere, wenn auch nicht schonendere Alternative dar.

Ein Zielkrankenhaus ist dann als solches geeignet, wenn es entweder die primäre Lebensgefahr durch eine medizinische Intervention abwenden kann, aber ein Weitertransport erforderlich ist, oder wenn es zur endgültigen Behandlung des Verletzungs-/Erkrankungsmusters geeignet ist. Moderne Traumaversorgungsstrategien haben vor allem das Zeitfenster der Traumaversorgung in den Fokus gerückt. Es ist nicht verantwortbar, ein Krankenhaus anzufahren, das vielleicht die endgültige Behandlung durchführen kann, der Patient aber unterwegs innerlich verblutet. Als weitere entscheidende Aspekte sind die Transportzeit und die Verfügbarkeit von Behandlungsplätzen zu berücksichtigen.

Ein einmaliger Durchlauf des Führungsvorgangs (Abb. 6) reicht nicht aus, um die Komplexität der Lage genügend zu erfassen. Daher ist der Führungsvorgang immer wieder zu wiederholen und wird zum festen Bestandteil des Denkens und Handelns. Zudem stehen Entscheidungen an Einsatzstellen sehr häufig unter dem Zwang, sofort und ohne Zeitverzug getroffen werden zu müssen. Ob das aber wirklich so sein muss, sollte auf jeden Fall geprüft werden! Ist das der Fall, müssen diese Entscheidungen immer im Anschluss an die Befehlsgebung nochmals anhand der Stationen des Führungsvorgangs geprüft und unter Umständen angepasst werden. Der Führungsvorgang kann bereits zum Zeitpunkt der Alarmierung erstmalig durchlaufen werden, indem zumindest die allgemeine, eigene und somit kalte Lage einer ersten taktischen Beurteilung unterzogen werden kann.

Der Einsatzort legt bereits bis zu einem gewissen Grad die Anfahrt- und Abfahrtmöglichkeiten weiterer Rettungsmittel fest. Auf einer Autobahn wird es regelmäßig, insbesondere bei einer die gesamte Fahrbahnbreite blockierenden Lage, Anfahrtsprobleme der nachrückenden Kräfte geben. Daraus resultieren im weiteren Einsatzverlauf ebenso Abfahrtprobleme der Rettungsmittel, wenn diese einen Patienten aufgenommen haben. Aus der Lage des Einsatzortes und der Situation an der Einsatzstelle lässt sich bei frühzeitiger Beurteilung eine geeignete Raumordnung ableiten. Es empfiehlt sich, frühestmöglich einen Bereitstellungsraum Medizinische Rettung einzurichten. Aus diesem können Kräfte sukzessiv und gezielt in die Lage beordert werden. Einem Fahrzeugchaos und gegenseitigem Blockieren wird vorgebeugt.

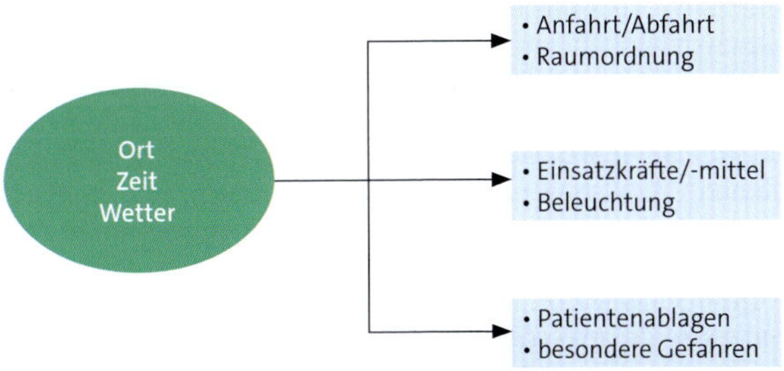

Abb. 7: Unveränderliche Faktoren

Abb. 8: Manchmal erschwerende Faktoren: Wetterlage und Tageszeit

Die Tageszeit bestimmt vor allem im Bereich ehrenamtlicher Kräfte in den örtlichen Schnelleinsatzgruppen (SEG'en) deren Verfügbarkeit. Daraus wiederum lässt sich der taktische Einsatzwert nachrückender Kräfte beurteilen. Weiterhin ist die Uhrzeit ein wichtiges Kriterium dafür, wann mit Dunkelheit zu rechnen sein wird und ob Beleuchtungsmaterial der Feuerwehr oder des Technischen Hilfswerkes perspektivisch anzufordern ist, auch wenn es sich primär nicht um eine technische Lage handeln sollte. Bei Verkehrsunfällen ist die Tageszeit ein wichtiges Kriterium zur frühzeitigen Überlegung, mit welchen Verletztenzahlen zu rechnen sein wird. Die Regionalbahn aus einem ländlichen Bereich in einen Ballungsraum ist morgens um 7 Uhr anders besetzt als abends um 21 Uhr. Oftmals bestimmt auch die Tageszeit die Kapazität der verfügbaren Rettungsmittel, wenn diese bedarfsgerecht vorgehalten werden und der Einsatz in ein ungünstiges Tageszeitintervall mit geringer Vorhaltung fällt, z. B. nachts.

Die Wetterlage beeinflusst immer dann maßgeblich unsere rettungsdienstliche Strategie, wenn nicht alle Patienten ortsfest untergebracht werden können, dies die Witterung aber erforderlich machen würde. Gibt es im

Abb. 9: Faktor Tageszeit: Ist Beleuchtungsmaterial nachzufordern?

Versorgungsbereich Alternativlösungen, wie etwa beheizbare Behandlungszelte oder geeignete Räumlichkeiten in unmittelbarer Nähe zum Einsatzort? Bei Gefahrgutlagen, die zum Alarmierungszeitpunkt bekannt sind, muss auch das Wetter in die taktischen Überlegungen mit einbezogen werden, da verschiedene gefährliche Stoffe und Güter mit (Regen-)Wasser reagieren (Buchstabe X im oberen Feld der Warntafel) und die Lage unter Umständen dramatisch beeinflussen.

All diese Überlegungen können bereits auf der Anfahrt angestellt werden. Erst an der Einsatzstelle ist es möglich, eine umfassende Erkundung der Lage als Basis der Lagebeurteilung durchzuführen. Hierbei sind grundsätzlich die vier Phasen der Erkundung unterstützend zu nutzen.

Neben vorhandenen Informationen basierend auf beispielsweise eigenen Ortskenntnissen, den Informationen der Leitstelle (Einsatzmeldung) und aus den Angaben eventuell vorhandener Einsatzpläne muss selbstständig erkundet werden. Im Rahmen der aktiven Erkundung der gesamten Einsatzstelle kann die **Frontalansicht** bereits wertvolle Informationen liefern. Wenn möglich, sollte die Einsatzstelle einmal **umrundet** wer-

Abb. 10: Informationstypen

den, um eine Rückansicht zu gewinnen, auch die **Befragung** von vor Ort bereits tätigem Einsatzpersonal und in eingeschränktem Umfang auch Augenzeugen oder Exponierten kann zur weiteren Informationsgewinnung beitragen. Die Erkundung schließt mit einer, soweit umsetzbaren, **Prüfung der möglichen Zugangsmöglichkeiten.** Bei Verkehrsunfällen empfiehlt es sich dringend, auch unter die beteiligten Fahrzeuge und, wenn möglich, in die Kofferräume zu blicken. Es ist wichtig zu wissen, dass einlaufende Informationen Dritter immer kritisch bewertet und als unsichere Informationen in die Lageerkundung einfließen müssen. Sie sind stets durch selbst beschaffte Informationen zu verifizieren.

Die Lageerkundung stellt eines der wesentlichen Elemente der Lagefeststellung dar. In diesem Rahmen müssen alle Faktoren erfasst werden, die zur Beurteilung der Lage und damit folglich zur Entscheidungsfindung erforderlich sind. Weiterhin müssen alle vorhandenen und zu erwartenden Gefahren erkannt werden, hierfür sollte die Gefahrenmatrix angewandt werden. In der Erkundungsphase müssen unter Umständen eine Vielzahl einlaufender Informationen aufgenommen und gespeichert werden, ohne diese vorschnell zu bewerten. Wird die Menge der anfallenden Informationen nicht kanalisiert, kommt es unweigerlich zu einer Stresssituation im Rahmen der Erkundung.

In der Regel besteht während der Anfahrt und direkt in der Eintreffsituation ein Informationsmangel. Kurz nach dem Eintreffen an der Einsatzstelle und während der Erkundung besteht jedoch die Gefahr, dass sich aus dem Informationsmangel ein Informationsüberschuss entwickelt. Beides wird automatisch bewertet und entweder als verunsichernd oder als bedrohlich empfunden und führt zu einer Stressbelastung. Diese kann so intensiv sein, dass eine klare Kommunikation und Verarbeitung der Informationen nicht mehr möglich sind. Zwangsläufig werden so die Erkundung und das Erkundungsergebnis negativ beeinflusst. Stress blockiert das Denken und Handeln und fördert die Bereitschaft, vorschnell Entscheidungen zu treffen, die nicht lageangepasst sind. Diese Entscheidungen sollen schnell einen stabilen Zustand an der Einsatzstelle herbeiführen, ihre Qualität bewirkt allerdings das Gegenteil. Sie stellen sich oftmals als taktisch unsinnig heraus, müssen zeitaufwendig angepasst werden und verursachen dadurch wieder Stress. Ein Teufelskreis, der eine erfolgreiche Einsatzführung ausbremst und im schlimmsten Fall komplett blockiert.

Um diesen Mechanismus zu umgehen und eine sinnvolle und weiterführende Auswahl aus der Fülle der angebotenen Informationen zu erreichen, muss klar erkenntlich sein, welche Informationen zur ersten Beurteilung der Lage zwingend erforderlich sind. Es hat sich daher bewährt, die zu

Tab. 2: Erkundung

- Art und Umfang des Ereignisses gem. Führungsvorgang
- Gefahren gemäß Gefahrenmatrix
- Raumordnung
- Anzahl/Ort der exponierten Personen
- Anzahl/Lage der Patientenablagen und ggf. bereits Benennung mit Klarnamen
- ggf. bereits festgestellte Sichtungskategorien (SK)
- Bereitstellungsraum
- Ansprechpartner (Einsatzleiter Feuerwehr)
- alarmierte Kräfte

erkundenden Informationen vorher zu strukturieren und genau zu definieren (Tab. 2). Wichtig ist, dass die Auflistung keine starre Vorgabe darstellt, sondern lediglich eine Möglichkeit der Informationssammlung im Rahmen der Erkundung abbilden soll.

Gemäß den Regeln der Kommunikation – von der Komplexität zum Detail – wird primär festgestellt, was eigentlich genau passiert ist. Ein gemeldeter Busunfall wird erst dann zum rettungsdienstlichen Problem, wenn der Bus mit Reisenden besetzt war. Befindet sich die Fahrerin auf einer Werkstattfahrt, relativiert sich das Stichwort „Busunfall" sehr schnell. Aber immer gilt: Nicht im Detail verzetteln. Es ist nicht interessant zu wissen, warum etwas „Schlimmes" passiert ist, sondern die Folgen des Geschehens mit ihren Gefahren sind entscheidend. Somit steht die Gefahrenanalyse unter Nutzung der folgenden Gefahren der Gefahrenmatrix an zweiter Stelle der Erkundung (s. a. Kap. 4.1):

Atemgifte
Ausbreitung
Angstreaktion/Panik
Atomare Strahlung
Chemische (+ BRN) Gefahren
Erkrankung/Verletzung
Explosion
Einsturz
Elektrizität
+
Absturz
Biologische Gefahren
Ertrinken/Wassergefahren
Verkehr.

Unter Berücksichtigung des Ergebnisses der Gefahrenanalyse werden anschließend rettungsdienstrelevante Informationen zur Lage erkundet: die Anzahl und Örtlichkeit der erkennbar beteiligten exponierten Personen und die Anzahl/Lage spontan gebildeter Patientenablagen. Die Anzahl der exponierten Personen muss zügig durch das Team des ersteintreffenden Rettungsmittels im Rahmen der Ersteinschätzung durch einfaches Zählen eruiert werden. Etwas komplexer stellt sich die folgende Vorsichtung dar. Hierbei sollten die exponierten Personen mit einem Sichtungsalgorithmus in schwer mit Transportpriorität (rot, SK I „TP"), schwer (rot, SK I), mittel (gelb, SK II) oder leicht verletzt (grün, SK III) bzw. unverletzt Betroffene (weiß mit „B“) kategorisiert werden. Eine ärztliche Sichtung konkretisiert die Vorsichtungsergebnisse und stellt letztendlich die vorerst endgültige Sichtungskategorie jedes einzelnen Exponierten dar. Es ist sicherzustellen, dass in regelmäßigen Abständen kontinuierlich nachgesichtet wird, da sich Patientenzustände durchaus verändern.

Bei der Alarmierung und Entsendung entsprechender Rettungsmittel ist nicht nur die Anzahl der SK-I-Patienten entscheidend, sondern vielmehr der benötigte Kräfteansatz zur Sicherstellung der Erstversorgung sowie zum Transport aller Patienten in geeignete Kliniken. Leider gibt es keinen bundesweiten Konsens in Bezug auf die durchschnittliche prozentuale Verteilung der Sichtungskategorien I–III bei zehn Patienten auf Räume bzw. Kräfte. In der Regel kann man aber von einer Aufteilung in 20 % SK I, 30 % SK II und 50 % SK III ausgehen (Kap. 3.3). Im Rahmen von Vorplanungen ist man gut beraten, Verteilungs- und Erstversorgungsschlüssel zu definieren, um somit die jeweiligen MANV-Stufen mit Kräfteansätzen zu versehen und die AAO entsprechend anzupassen. Dabei sollten die Planungen weit über MANV 50 (50 exponierte Personen) hinausgehen.

Nach vollständiger Lageerkundung werden die aufgenommenen Informationen beurteilt (dies entspricht im Führungsvorgang der Lagebeurteilung). Auch an dieser Stelle ist es sinnvoll, die Informationen auf der Basis wiederkehrender Fragestellungen zu bewerten. Nur so ist die Vergleichbarkeit der

Tab. 3: Lagebeurteilung

- Welche Gefahren bestehen für Menschen?
- Welche Gefahr muss zuerst beachtet werden?
- Vor welchen Gefahren müssen sich Einsatzkräfte schützen?
- Welche Möglichkeiten bestehen für die Gefahrenabwehr?
- Welche Vor- und Nachteile haben die Möglichkeiten?
- Welche Möglichkeit ist die beste?

Informationen, die sich nach jeder erneuten Lageerkundung ergeben, sicherzustellen.

Gemäß DV 100 stellt die Lagebeurteilung eine taktische Abwägung dar, innerhalb derer der Auftrag – in diesem Fall der rettungsdienstliche Versorgungsauftrag – mit den zur Verfügung stehenden Einsatzkräften und -mitteln unter den Einflüssen von Ort, Zeit und Wetter am besten durchgeführt werden kann. Hier müssen die durch die Erkundung gewonnenen Informationen zielgerichtet einfließen. Wichtig ist, dass lagegerechte Möglichkeiten gesucht werden. Ein Beispiel dazu: Nicht die maximal mögliche Menge zur Verfügung stehender Rettungsmittel ist taktisch sinnvoll, sondern die Alarmierung tatsächlich erforderlicher Rettungsmittel bedeutet, lageangepasst entschieden zu haben.

Oftmals wird Routine als der entscheidende Vorteil und alleiniges Qualifikationsmerkmal bei der Einsatzführung aufgeführt. Selbstverständlich ist Routine hilfreich, sie kann aber auch zur stereotypen Reaktion verführen. Die Lagebeurteilung an einer konkreten Einsatzstelle beruht dann nicht mehr auf den aktuell gewonnenen Informationen, sondern diese werden ersetzt durch bereits in vergleichbaren Lagen gewonnene Erkenntnisse. Voreilig kommt es zu einer Entscheidung und wichtige Details, die eben genau von anderen Lagen abweichen, werden übersehen. Einsätze können nicht routinemäßig abgewickelt werden. Es wird immer wieder Einsatzlagen geben, in denen dem Rettungsfachpersonal die Erfahrung aus vergleichbaren Situationen fehlt. Es entsteht eine unter Umständen ausweglos erscheinende Situation, die nur durch die Nutzung des Crew Resource Managements sowie dem 10-für-10-Prinzip und daraus resultierender gemeinsamer Entwicklung neuer Ideen zu beherrschen ist.

Bei der Beurteilung der Möglichkeiten ist immer der Grundgedanke der taktischen Einsatzführung zu beachten: Mit dem geringsten Aufwand soll der größtmögliche Erfolg erzielt werden.

Ein weiteres Hilfsmittel der Beurteilung der Lage ist die Festlegung des Gefahrenschwerpunktes und, oftmals aus diesem resultierend, des Einsatzschwerpunktes (Tab. 4). Vor allem die Beschreibung des Gefahrenschwerpunktes wirkt Stress reduzierend. Es wird plötzlich deutlich, an welcher Stelle der Einsatzstelle eine Bedrohung für die gesamte Lage auftritt. Über die Definition des Einsatzschwerpunktes kann dann anschließend das taktische Ziel erreicht werden.

Vor allem für die ersteintreffenden Rettungsdienstkräfte ist es wichtig, die Stelle der Einsatzstelle zu erkennen, an der nachfolgende Rettungskräfte eingesetzt werden müssen. Ansonsten besteht immer die Gefahr, dass beim Eintreffen des nachfolgenden Rettungsmittels keine klare Entscheidung getroffen werden kann, wie Kräfte und Material zielgerichtet, also taktisch sinnvoll, einzusetzen sind. Wird diese Entscheidung nicht durch das Team des ersteintreffenden Rettungsmittels und im weiteren Verlauf durch Einsatz-, Abschnitts- oder Unterabschnittsleiter getroffen, werden sich die Kräfte regelmäßig selbst einsetzen.

Zusammenfassend muss die Beurteilung der Lage folgenden Grundsätzen folgen:

- Die Beurteilung der Lage muss auch auf der Basis teilweise fehlender oder zum Zeitpunkt der Beurteilung nicht ausreichender Informationen konsequent erfolgen.
- Eine mögliche Lagedynamik muss bei der Beurteilung der Lage bereits berücksichtigt werden, um unliebsamen Überraschungen und

Tab. 4: Definitionen Gefahren- und Einsatzschwerpunkt	
Gefahrenschwerpunkt	Bereich einer Einsatzstelle, von dem die Gefahr ausgeht, die die Lage entscheidend beeinflusst.
Einsatzschwerpunkt	Bereich einer Einsatzstelle, in dem Einsatzkräfte primär die größte Wirkung, bezogen auf das taktische Ziel, erreichen.

einem erhöhten Stresspegel vorzubeugen.
- Die Beurteilung der Lage erfolgt unter (subjektivem) Zeitdruck, dennoch darf keine Gefahr übersehen oder oberflächlich beurteilt werden.
- Es muss berücksichtigt werden, dass die Dynamik der Lage und das Einwirken Dritter zu plötzlichen Lageänderungen führen können, die nach Möglichkeit bereits in die Beurteilung mit einfließen sollten (vor die Lage kommen).
- Einsatzkräfte und Einsatzmittel sind unter taktischen Gesichtspunkten optimal einzusetzen.

Das folgerichtige und taktisch sinnvolle Ergebnis der Lagebeurteilung ergibt die Entscheidung zur weiteren Vorgehensweise. Grundsätzlich ist festzuhalten, dass ein schnell gefasster, umsetzbarer und zu einem positiven Einsatzergebnis führender Entschluss einem sehr guten, aber erst nach langen Überlegungen zustande kommenden Entschluss vorzuziehen ist.

Eine Entscheidung, die unter dem Druck der Einsatzstelle getroffen wurde, wird oftmals nicht zu 100 % korrekt sein. Daher muss man sich von mehreren Möglichkeiten zur weiteren Vorgehensweise diejenige heraussuchen, die mit den wenigsten Nachteilen behaftet ist. Bei der Entscheidung sind folgende Regelgrößen unbedingt zu beachten:

- Wo ist der Einsatzschwerpunkt?
- Welche Maßnahmen sind von welchen Kräften durchzuführen?
- Müssen sofort Kräfte nachgefordert werden?
- Können Einsatzabschnitte gebildet werden?
- Kann eine adäquate Raumordnung hergestellt werden?
- Wie können Reserven (Lageänderungen!) gebildet werden?

Der gefasste Entschluss muss auch in unübersichtlichen rettungsdienstlichen Lagen immer klar und eindeutig sein. Von einer einmal getroffenen Entscheidung sollte ohne erkennbar zwingenden Grund nicht abgewichen werden. Ständige Nachbesserungen und neue Entschlüsse können u. U. zur eigenen Verunsicherung, zur Irritation aller Einsatzkräfte und zur Verzögerung der Patientenversorgung führen.

Die Einsatzdynamik bringt mit sich, dass Entschlüsse auch einmal modifiziert werden müssen. Es muss aber auf jeden Fall eine erneute Lagefeststellung mit anschließender Lagebeurteilung der Entschlussänderung vorausgehen. Insbesondere die Vor- und Nachteile einer veränderten taktischen Vorgehensweise müssen gegeneinander abgewogen werden. Nach der ersten Erkundung und Beurteilung der Lage muss auf jeden Fall umgehend eine Rückmeldung an die Leitstelle erfolgen.

Im täglichen rettungsdienstlichen Regeleinsatz kommt der Lagemeldung nur eine geringe Bedeutung zu. Lediglich wenn Kräfte wie z. B. Notarzt, Polizei oder Feuerwehr nachgefordert werden müssen oder außergewöhnliche Lagen eine besondere Aktion der Leitstelle erfordern, wird eine Rückmeldung notwendig. Diese sind meist wenig BOS-konform formuliert, aber oftmals dennoch zielführend, weil es sich in der Regel um vertraute Einsatzsituationen handelt. Die Standardmeldungen wie beispielsweise „Einsatzstelle an“ oder „Patient aufgenommen“ werden heute via Datenfunk oder Funkmeldesystem abgewickelt. In der rettungsdienstlichen Großschadenslage aber ist die Rückmeldung ein wichtiges Instrument der Einsatzleitung, die in den ersten Minuten immer bei den ersteintreffenden Rettungskräften liegen wird. Rück- oder Lagemeldungen müssen zwingend über die gesamte Lage hinweg systematisch und fort-

Tab. 5: Zeitpunkt der jeweiligen Lagemeldung

- Ersteindruck beim Eintreffen im Rahmen der „Lage auf Sicht“ (Windshield-Report)
- nach der ersten Lageerkundung
- nach jeder Lageänderung
- nach Einleiten wichtiger Maßnahmen
- nach Einsatzabschluss

laufend formuliert an die Leitstelle übermittelt werden.

Im Sinne straffer Kommunikation und unter Beachtung der Tatsache, dass auch in der Leitstelle ein Massenanfall von Verletzten Stress und einen hohen Arbeitsaufwand auslöst, muss die Rückmeldung so knapp wie nötig und dennoch so aussagekräftig wie möglich formuliert, aber vor allem logisch strukturiert werden. Es bietet sich an, das Muster der Fragestellungen zur Erkundung zunächst zu übernehmen und durch rückmeldungsspezifische Details zu ergänzen.

Auch in der Rückmeldung stehen Art und Umfang des Ereignisses an erster Stelle. Die Lage sollte so beschrieben werden, dass sich das Leitstellenpersonal von Disponenten bis Lagedienst „ein Bild von der Lage“ machen kann. Nur so kann unter Umständen selbstständig nachgebessert werden, wenn wichtige Details vergessen wurden, etwa bei der Nachforderung. Die Rückmeldung sollte sachlich und ohne große Ausschmückungen formuliert werden. Negierungen (Verneinungen) gehören nicht in die Lagemeldung, wenn sie weder der Information dienen noch eine Aktion in der Leitstelle auslösen. Sie können schnell falsch verstanden werden und führen dann beim Leitstellenpersonal zu einem völlig falschen Lagebild.

Tab. 6: Art der Rückmeldung

- Art und Umfang des Ereignisses
- besondere Gefahren
- Anzahl, Verletzungsgrad und Lage der exponierten Personen
- eingeleitete und geplante Maßnahmen
- Nachforderungen (Stichwort: Alarm- und Ausrückeordnung)
- geplante Raumordnung

Die Rückmeldung muss alle eingeleiteten und geplanten Maßnahmen enthalten. Hier wäre z. B. die Einrichtung von Plätzen (Bereitstellungsraum, Patientenablagen usw.) zu nennen. Eine geplante Maßnahme ist auch der Beginn der Vorsichtung durch Rettungsfachpersonal sowie der Beginn der Sichtung durch ärztliches Personal. Nachforderungen sind nur dann speziell zu formulieren, wenn diese sich nicht z. B. aus der Anzahl der exponierten Personen oder aus einem lagetypischen Einsatzstichwort ergeben, z. B. „Busunfall“ oder „Gasausströmung“.

In den Einsatzleitsystemen der Leitstellen sind im Vorfeld definierte Alarm- und Ausrückeordnungen hinterlegt. In diesen finden sich Verknüpfungen zwischen Einsatzobjekten, dem Einsatzstichwort, den Zuständigkeiten und häufig auch einer tageszeitabhängigen Alarmierung von Einsatzmitteln. In der AAO ist festgelegt, wer zu welchem Einsatzstichwort innerhalb eines bestimmten Zuständigkeitsbereiches zu alarmieren ist. Die Alarmierung bzw. Nachalarmierung kann somit einfach stichwortbezogen erfolgen. Das Einsatzstichwort kann wiederum anlassbezogen („Busunfall“) oder mengenbezogen („mehr als zehn exponierte Personen“) oder eine Kombination darstellen („Busunfall, bis zehn Exponierte“ oder „Busunfall, mehr als zehn Exponierte“). Wichtig für alle beteiligten Rettungskräfte ist zu wissen, wie die AAO in der zuständigen Leitstelle für die rettungsdienstliche Großschadenslage aufgebaut ist. Dadurch kann im Rahmen der Rückmeldung ohne große Überlegungen lageangepasst nachgefordert werden.

Die Entscheidung für oder gegen eine bestimmte taktische Vorgehensweise muss zur Umsetzung den Einsatzkräften mitgeteilt werden, wobei hier ein rettungsdiensttypisches Problem auftritt. In Organisationen mit klaren hierarchischen Strukturen, z. B. der Feuerwehr, sind Entscheidungen im Rahmen der Befehlsgebung relativ einfach zu kommunizieren. Befehle werden in der Regel in einem vorgegebenen Schema erteilt. Genau dies ist im Rettungsdienst aber unüblich und daher für die Einsatzkräfte ungewohnt. Im täglichen individualmedizinischen Rettungsdiensteinsatz sind Befehl und Gehorsam nicht unbedingt erforderlich. Die meisten Einsätze werden zu zweit im Team abgearbeitet, eventuell kommt ein zusätzliches Rettungsmittel als Tragehilfe oder ein NEF zur medizinischen Unterstützung dazu. Hierbei ist die Anzahl der Akteure übersichtlich und Entscheidungen werden gemeinschaftlich getroffen, unter Leitung des Team-Leaders bzw. der Person mit der höchsten Qualifikation. In einer MANV-Lage müssen diese Einzelteams ad hoc zu einem gemeinsamen taktischen Ziel geführt werden. Dies gelingt nur über eine eindeutige Befehlsgebung. Es gilt das Prinzip der linearen Führung – im Rahmen der Befehlstaktik erfolgen Aufträge von oben nach unten.

> *„Der Befehl ist die Anordnung an die Einsatzkräfte, Maßnahmen zur Gefahrenabwehr und zur Schadensbegrenzung durchzuführen. Durch den Befehl wird der Entschluss in die Tat umgesetzt."* *(DV 100).*

So wird ein OrgL RD keine Einsatzkräfte einer SEG am SEG-Gesamtleiter vorbei einsetzen, ein Leiter Patientenablage wird nicht unter Umgehung seines überstellten Leiters Erstversorgung Abstimmungen mit dem OrgL RD vornehmen. Da Befehlsgebung im Rettungsdienst ungewohnt ist, sollte sich der Inhalt der Befehlstaktik auf einen „deutlichen und prägnanten Datensatz" reduzieren:

- Einheit
- Auftrag
- Mittel
- Ziel
- Weg
- Vor.

Der wiederkehrende Einstieg in den Führungsvorgang beginnt nach der Befehlsgebung mit der Kontrolle als Bestandteil einer erneuten Lagefeststellung. Im Rahmen der Kontrolle wird geprüft, ob die Befehle richtig verstanden, ob sie dem Ziel folgend umgesetzt werden und die gewünschte Wirkung zeigen. Anschließend erfolgt eine neue Beurteilung der aufgenommenen Fakten und, wenn erforderlich, folgen veränderte Entscheidungen, die wiederum in entsprechende Befehle umgesetzt werden müssen. Kontrolle, Beurteilung, ggf. Entschluss und daraus resultierende Befehlsgebung sind kontinuierliche Prozesse des Führungsvorgangs im Rahmen der Lagebewältigung.

2.4.6 (Vor-)Sichtung

Da bei einem MANV die individualmedizinische Behandlung aller Patienten nicht möglich ist, müssen Kriterien geschaffen werden, die im Rahmen

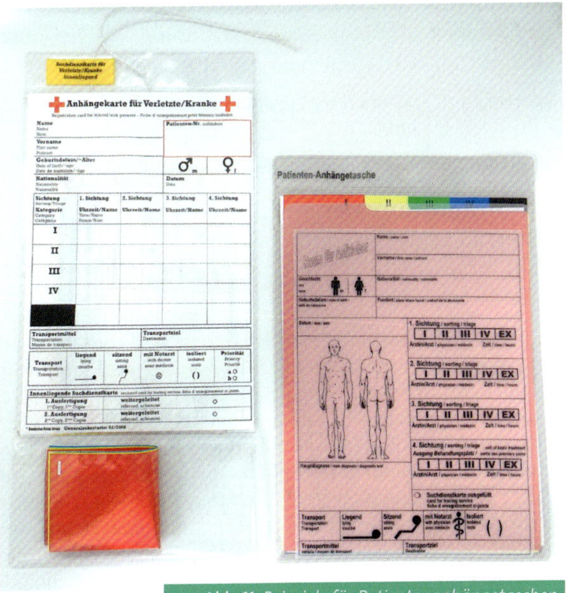

Abb. 11: Beispiele für Patientenanhängetaschen

der Katastrophenmedizin eine Reihenfolge festlegen. Diese Sortierung der Patienten unter medizinischen Gesichtspunkten bezeichnet man als (Vor-) Sichtung.

> *Ziel der Sichtung ist, einer möglichst großen Anzahl von Patienten das Überleben zu sichern und die gesundheitlichen Schäden so minimal wie möglich zu halten.*

Neben der Erkundung zur Feststellung der Gesamtlage gehört die (Vor-)Sichtung der Patienten zu einer der wichtigsten rettungsdienstlichen Aufgaben im Rahmen eines MANV.

Die Vorsichtung wird initial durch Rettungsfachpersonal, möglichst in Patientenablagen, durchgeführt. Als Handlungssicherheit sollte ihnen

Tab. 7: Sichtungskategorien	
SK I (rot)	vitale Bedrohung, Sofortbehandlung
SK II (gelb)	schwer verletzt/erkrankt, dringende Behandlung
SK III (grün)	leicht verletzt/erkrankt, nicht-dringliche Behandlung
SK IV (blau)	ohne Überlebenschance, palliative Versorgung
EX (schwarz)	verstorben

ein Sichtungsalgorithmus zur Verfügung stehen. Im Rahmen der Vorsichtung werden alle exponierten Personen begutachtet und erhalten neben einer Verletztenanhängekarte (VAK) entsprechend ihrer Verletzungs-/Erkrankungsmuster eine Sichtungskategorie (SK I – SK III). Die jeweilige Sichtungskategorie legt die Behandlungspriorität fest. Um alle Exponierten in einem vertretbaren Zeitrahmen kategorisieren zu können, soll die Vorsichtung pro Person maximal 30 – 60 Sekunden in Anspruch nehmen und ohne diagnostische Hilfsmittel erfolgen. Im Anschluss folgt die sukzessive Erstversorgung in der Reihenfolge der Sichtungskategorien.

Auf die Vorsichtung folgt die Sichtung, die grundsätzlich durch ärztliches Personal durchgeführt wird und nicht länger als drei Minuten pro Exponierten in Anspruch nehmen soll. Hierbei wird die in der Vorsichtung festgelegte Sichtungskategorie überprüft und ggf. angepasst. Bei der ärztlichen Sichtung ist auch die Kennfarbe Schwarz freigegeben, um Verstorbene zu deklarieren. Die Kennfarbe Blau ist vorerst gesperrt und darf nur durch den LNA freigegeben werden.

Die Sichtungskategorien und die entsprechenden Kennfarben sind bundeseinheitlich anzuwenden. Leider gibt es keine einheitliche Darstellung des Sichtungsergebnisses auf geeigneten Patientenanhängetaschen/VAK, wie es etwa in der Schweiz und in Öster-

Tab. 8: Zusätze zu Sichtungskategorien		
TP	Transportpriorität	nur bei SK-I-Patienten zu nutzen
K	Kontaminiert	in CBRN-Lagen, bei SK I – IV nutzbar
B	Betroffen	nach ärztlicher Sichtung als unverletzt Betroffener deklariert

reich üblich ist. In Deutschland existieren viele unterschiedliche Modelle, die im Normalfall nicht kompatibel sind.

***STaRT**-Schema: **S**imple **T**riage and **R**apid **T**reatment*
Es werden die Gehfähigkeit, die Respiration (Atmung), die Perfusion (Durchblutung) und der mentale Status nach dem STaRT-System ohne besondere Hilfsmittel geprüft. Dazu wurde ein entsprechender Algorithmus entwickelt (Abb. 12).

1. Zuerst werden alle gehfähigen Verletzten (engl. „Walking Wounded") aufgefordert, sich an einen Sammelpunkt zu begeben. Die Patienten, die sich selbst aus der Gefahrenzone retten können, werden in die **Sichtungskategorie III** eingeteilt. Einige davon, die der Helfer für geeignet hält, werden im weiteren Verlauf zur Mithilfe angeleitet.
2. Ein Patient mit Atemstillstand, selbst nach dem Freimachen der Atemwege, gilt als verstorben.
3. Prüfen der Respiration (Atmung): Eine Atemfrequenz über 30/min wird als dringend bewertet, der Patient wird in die **Sichtungskategorie I** eingeteilt.
4. Prüfen der Perfusion (Durchblutung): Bei einer starken Blutung wird ein Helfer zur Blutstillung angeleitet (Tourniquet). Mit der Nagelbettprobe wird die Rekapillarisierungszeit gemessen. Beträgt sie mehr als zwei Sekunden, ist das ein Hinweis auf eine Mangeldurchblutung (Blutdruck < 90 mmHg), der Patient wird in die **Sichtungskategorie I** eingeteilt.
5. Prüfen des mentalen Status: Bei Bewusstlosigkeit oder inadäquater Reaktion

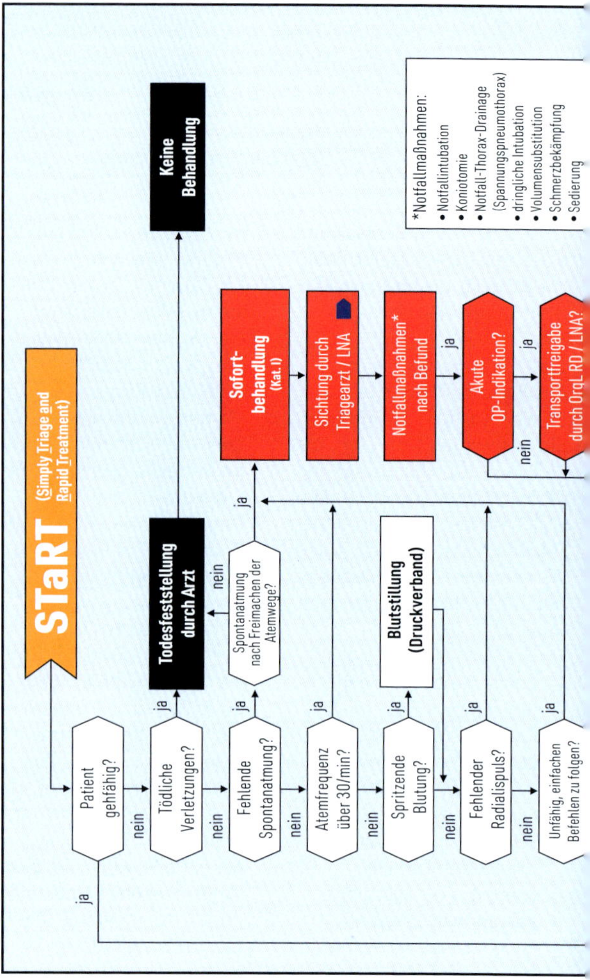
STaRT (Simply Triage and Rapid Treatment)
Patient gehfähig?
ja
nein
Tödliche Verletzungen?
ja
Todesfeststellung durch Arzt
Keine Behandlung
nein
Fehlende Spontanatmung?
ja
Spontanatmung nach Freimachen der Atemwege?
nein
ja
Sofort-behandlung (Kat. I)
Sichtung durch Triagearzt / LNA
Notfallmaßnahmen* nach Befund
ja
Akute OP-Indikation?
ja
nein
Transportfreigabe durch OrgL RD / LNA?
nein
Atemfrequenz über 30/min?
ja
nein
Spritzende Blutung?
ja
Blutstillung (Druckverband)
nein
Fehlender Radialispuls?
ja
nein
Unfähig, einfachen Befehlen zu folgen?
ja
*Notfallmaßnahmen:
• Notfallintubation
• Koniotomie
• Notfall-Thorax-Drainage (Spannungspneumothorax)
• dringliche Intubation
• Volumensubstitution
• Schmerzbekämpfung
• Sedierung

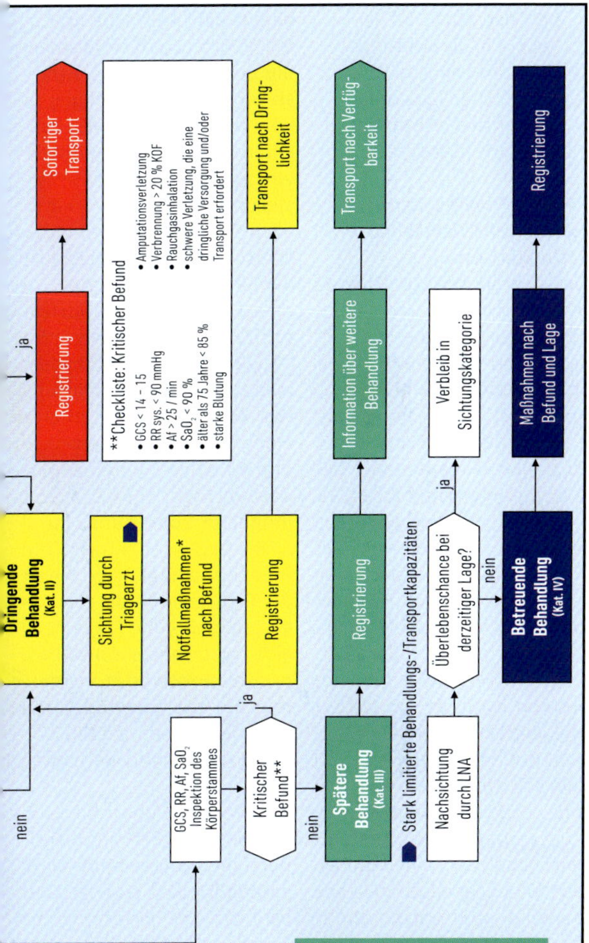

Abb. 12: Schnelle Sichtung beim MANV (STaRT-Prinzip)

bei Ansprache wird der Patient in die **Sichtungskategorie I** eingeteilt.

6. Alle anderen Patienten werden in die **Sichtungskategorie II** eingeteilt.

PRIOR®: Primäres Ranking zur Initialen Orientierung im Rettungsdienst

Der PRIOR®-Algorithmus (Abb. 13) wurde entwickelt, um neben der schnellen Identifikation von SK-I-Patienten mit traumatologischem Hintergrund auch vital bedrohte Patienten unter den Exponierten zu finden, die außerhalb der traumatologischen Kategorisierung liegen und ebenfalls als rot einzuordnen sind. Der Algorithmus orientiert sich am etablierten xABCDE- bzw. cABCDE-Schema, damit er einfacher durch geschultes Rettungsfachpersonal angewandt werden kann, da der Ablauf wiedererkennbar zu den täglichen, routinierten Arbeiten sein soll. Der Algorithmus soll eine schnelle, sichere Vorsichtung gewährleisten, um entsprechend zügig einen groben Überblick über das bestehende Lagebild im Einsatzabschnitt Medizinische Rettung zu erlangen. Daraus folgend sollte bereits sehr früh eine Kräfte-Mittel-Bilanz geführt werden, um den Bedarf für die Sicherstellung der Erstversorgung zu ermitteln. Ziel ist, die SK-I-Patienten zu finden, zügig erstzuversorgen und nach der Sicherstellung der Erstversorgung in allen Patientenablagen abzutransportieren. Ergänzend ist der PRIOR®-Diamant (Abb. 14) eine Hilfe, um Transportkapazitäten einzuschätzen. Im PRIOR®-Konzept sind zudem Indikationen zur Einschätzung von Kindern als Exponierte enthalten. Als Gedankenstütze und wichtige Elemente werden im Algorithmus zuerst mögliche Bedrohungs- und CBRN-Lagen abgefragt, um eine hohe Eigensicherheit der Einsatzkräfte zu gewährleisten. Sollte die Frage nach einer bestehenden CBRN-Lage positiv beantwortet werden, müssen die anwendenden Einsatzkräfte auf den PRIOR®-CBRN-Algorithmus wechseln.

Egal welcher Algorithmus in den einzelnen Rettungsdienstbereichen angewandt wird, wichtig ist, dass einer genutzt wird, um eine höchstmögliche Handlungssicherheit der Einsatzkräfte in Extremlagen zu gewährleisten. Bei konsequenter Anwendung der Schemata lässt sich die Sichtungszeit deutlich verkürzen. Aufgrund des immer wieder auftretenden Mangels an Notärzten dürfte klar sein, dass gerade in MANV-Lagen die Ressource Arzt zu knapp bemessen sein wird. Daher müssen für

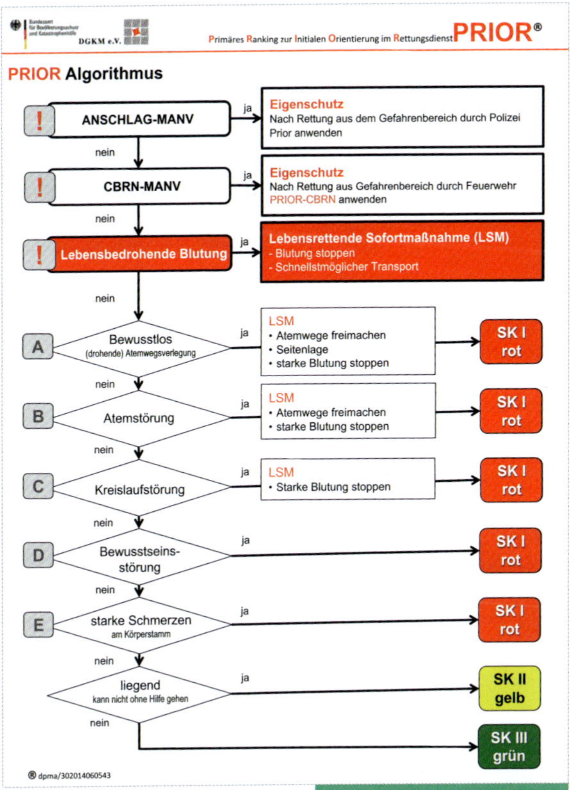

Abb. 13: PRIOR®-Algorithmus

PRIOR Diamant

- **Behandlungsbedarf und Transportbedarf bewerten**
- **Bedarf nachfordern**
- **Bedarf in erste gemeinsame Lagebesprechungen vor Ort mit Polizei und Feuerwehr einbringen**

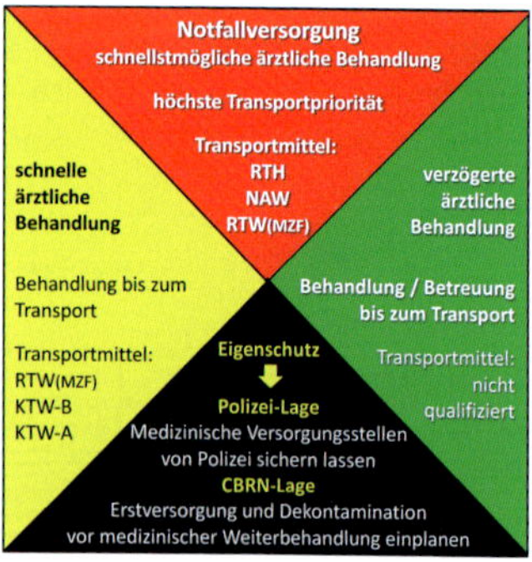

® dpma/302014060543

Abb. 14: PRIOR®-Diamant

Großschadensfälle neue Wege durchdacht und Alternativen geschaffen werden. Durch strenge Anwendung der Algorithmen, kontinuierliches Training und ärztliche Begleitung im Rahmen der Ausbildung und der Auswertung von Einsätzen muss es möglich werden, dass die Vorsichtung durch Notfallsanitäter entsprechend gewichtet wird und somit eine verzögerte ärztliche Sichtung die zügige Erstversorgung und folgend den Transport von Patienten nicht beeinträchtigt. Nur so wird man möglichst vielen Patienten ein Überleben und gutes Outcome aus der MANV-Lage ermöglichen.

3 Einsatzlehre

Alle bisherigen Führungstheorien werden im Rahmen der Einsatzlehre mit der praktischen Vorgehensweise an der rettungsdienstlichen Einsatzstelle verknüpft, um dem Rettungsfachpersonal so Handlungshinweise mitgeben zu können. Der Einsatz beginnt meist nicht mit dem Eintreffen der Führungskräfte, sondern mit den an diesem Tag Dienst habenden Rettungsdienstmitarbeitenden, kurzum mit dem ersteintreffenden Rettungsmittel. Darum muss auch die Führungslehre genau hier ansetzen und darauf aufbauend mögliche Führungsstrukturen darstellen. Basis der Einsatzführung ist immer das Führungssystem.

3.1 Maßnahmen der ersteintreffenden Rettungsdienstkräfte

Unabhängig von der Menge der installierten Systeme „OrgL RD“ und „LNA“ wird diesen immer anhängig sein, dass sie unter führungstechnischen Gesichtspunkten zu spät an der Einsatzstelle eintreffen und somit nicht frühzeitig aktiv taktisch einwirken können.

Ausgehend von einer durchschnittlichen Hilfsfrist zwi-

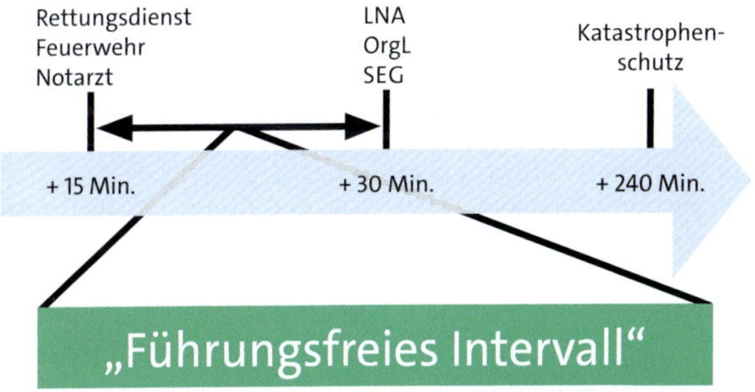

Abb. 15: Eintreffreihenfolge

schen acht und 15 Minuten werden die ersten Rettungsmittel nach dieser Zeit eintreffen. Handeln ersteintreffende Einsatzkräfte nach individualmedizinischen Grundsätzen, entsteht bis zum Eintreffen des LNA und des OrgL RD ein führungsfreies Intervall. Zwar sind vereinzelte Patienten optimal versorgt, die Masse der Patienten aber wird unbehandelt, im schlimmsten Fall sogar unerkannt bleiben. Die Entscheidung, von individualmedizinischen Behandlungsgrundsätzen abzuweichen und nach den taktischen Regeln des MANV vorzugehen, muss zügig getroffen werden.

Da die wenigsten Einsatzkräfte im Rettungsdienst eine fundierte einsatztaktische Qualifikation (u. a. Gruppenführer Rettungsdienst, OrgL RD ...) haben, werden nachfolgend grundsätzliche Maßnahmen zur Vorgehensweise in unübersichtlichen rettungsdienstlichen Einsatzlagen basierend auf dem Führungsvorgang dargestellt:

- Rückmeldung auf Sicht und Einsatzstelle der Leitstelle bestätigen.
- Noch nicht behandeln, sondern Überblick über die rettungsdienstliche Lage verschaffen (Erkundung), Patienten/Betroffene zählen.
- Qualifizierte Rückmeldung an die Leitstelle geben.
- Initial Leitung der Erstversorgung übernehmen.
- Vorsichtung beginnen, inkl. lebensrettende Sofortmaßnahmen.
- Neu ankommende Fahrzeuge registrieren und einweisen.
- Übergabe an nachrückende Einsatzkräfte (1. NEF oder LNA/OrgL RD).

Keine Individualmedizin zu betreiben, stellt sicher die Basis der weiteren Vorgehensweise dar. Wird diese Entscheidung nicht bewusst getroffen, besteht immer die Gefahr, doch den ersten Patienten zu behandeln, auf den das Team trifft.

Da bei einem ersichtlichen MANV keine Behandlung in dieser Phase stattfinden wird, sollte das medizinische Equipment vorerst im Fahrzeug verbleiben. Für die Lageerkundung und Vorsichtung halten die meisten Rettungsdienste mittlerweile sogenannte Sichtungstaschen vor. In dieser Tasche befinden sich u. a.

- Material zur Kenntlichmachung der Beteiligten/Verletzten beispielsweise mit Anhängekarten, -taschen oder Armbändern,
- Kennzeichnungswesten für das erste Rettungsmittel,
- ein Schreibblock und/oder Klemmbrett,
- mehrere Kugelschreiber sowie wasserfeste Filzstifte,
- der aktuell vor Ort eingesetzte Sichtungsalgorithmus (mSTaRT, PRIOR® ...),
- Checklisten für das ersteintreffende Fahrzeug inklusive weiterer MANV-Dokumente,
- Taschenkarten zu „HEIKAT" und „Gefährliche Stoffe/Güter".

Um die lebensrettenden Sofortmaßnahmen durchführen zu können, verfügen die Sichtungstaschen über weiteres medizinisches Material:

- Guedel- und/oder Wendl-Tuben,
- Tourniquets,
- ggf. Notfalldruckverbände (Israeli-Bandage) und
- Rettungsdecken.

Das Ziel der lebensrettenden Sofortmaßnahmen ist, etwaige Atemwegsverlegungen in Verbindung mit der anschließenden Seitenlage zu unterbinden, starke Blutungen zu stoppen und ein Auskühlen der Patienten mit Volumenverlust zu minimieren.

Um die Kommunikation zur Leitstelle bzw. zu nachrückenden Kräften sicherzustellen, sollten die Rettungsmittel neben dem festeingebauten Funkgerät über ein/zwei Handfunkgeräte verfügen. Auf-

Abb. 16: Sichtungsteam mit Kennzeichnung und Sichtungstasche

grund der regionalen Unterschiede ist dies nicht immer gegeben. Im Fall, dass Rettungsmittel nur über ein festverbautes Funkgerät verfügen, sollte eine Kommunikationsmöglichkeit via Mobiltelefon geprüft werden, die jedoch keine hundertprozentige Sicherheit darstellt.

Die Gefahr in der ersten Phase besteht aber dennoch immer darin, durch eine vorschnelle Beurteilung der Lage und bewusste Ausklammerung von Problemen („Was nicht sein darf, kann auch nicht sein!") die Lage zu subjektiv einzuschätzen. Und da jeder Mensch sich unter Stress in seiner Tätigkeit auf das reduziert, was er sicher beherrscht, ist auch weiterhin die Gefahr groß, doch letztlich einzelne Patienten vorschnell behandeln zu wollen. Sie steigt gradlinig mit der Abnahme des Alters der Patienten. Emotionen und der Wunsch, doch helfen zu wollen, werden vielfach übermächtig.

Da niemand vollkommen stressfrei in eine solche Lage hineingeht, lohnt es sich, einmal kräftig durchzuatmen und dann aktiv mit der Lagefeststellung zu beginnen.

Bei der Lagefeststellung ist besonderer Wert auf die Gefahrenanalyse nach dem Gefahrenschema zu legen. Es werden immer wieder Einsätze bekannt, in denen vor allem die ersteintreffenden Einsatzkräfte erkennbare Gefahren einfach übersehen haben. Die emotionale Komponente und die meist mangelnde Erfahrung in derartigen Lagen führen schnell dazu, nicht alltägliche Gefahren einfach nicht wahrzunehmen. Typisch ist das Übersehen von Warntafeln oder austretenden Substanzen, das Nichtbeachten beschädigter Fahrdrähte auf Bahnstrecken oder die falsche Einschätzung der Windrichtung bei gemeinsamen Einsätzen mit der Feuerwehr – mit eventueller Beaufschlagung mit Brandrauch, dessen Toxizität wiederum unterschätzt wird.

Wie auch im Rahmen der Erkundung im Führungsvorgang sind die taktischen Parameter zu den Verletzten/Erkrankten zu erkunden (Schweregrad der Verletzung, Zugänglichkeit), und anschließend oder parallel dazu sollten sich gerade die ersten Einsatzkräfte Gedanken darüber machen, wo nachfolgende Kräfte aufgestellt werden. Wahrscheinlich ist es zu diesem Zeitpunkt der Lage sinnvoll, einfach in der Lagemeldung einen Bereitstellungsraum zu benennen. Hier ist jedoch darauf zu achten, dass dieser geführt wird und vor allem muss die Kommunikation sichergestellt werden. Dieser kann dann, wenn wirklich erforderlich, in der Fortentwicklung der Lage noch räumlich modifiziert werden. Wichtig ist die Größe des Bereitstellungsraumes. Manchmal eignet sich eine Straße besser als ein Platz, dessen Raum oftmals durch seine Abgrenzungen stark beschränkt ist.

Erstrebenswert wäre bereits zu diesem Zeitpunkt, die Trennung der Einsatzräume zwischen Technischer Rettung (Feuerwehr, THW) und Rettungsdienst zu realisieren, wenn dies örtlich und unter Beachtung der Struktur der Einsatzstelle möglich ist. Die Erkundung der Lage (Tab. 9) muss vollständig erfolgen. Es kann überlegt werden, ob die Lageerkundung gemeinsam im Team oder getrennt erfolgt.

Tab. 9: Lageerkundung

- Art und Umfang des Ereignisses
- besondere Gefahren erkennbar
- genaue Anzahl, Verletzungsgrad und Lage der exponierten Personen
- geplante Raumordnung (u. a. Bereitstellungsraum)

Es kann nur einer entscheiden. Und die Informationen, die der Entscheidungsträger nicht selbst beschafft, gelten als unsichere Informationen.

Tab. 10: Qualifizierte Rückmeldung

- Was ist passiert?
- Welche Gefahren gibt es?
- Anzahl, Lage und Art der exponierten Personen
- Nachforderungen mit Einsatzstichwort gemäß AAO
- geplante Raumordnung

Hat sich das ersteintreffende Rettungsteam einen Überblick über die Lage verschafft, muss die Leitstelle über eine qualifizierte Rückmeldung informiert werden. Wenigstens enthalten sein sollte (sozusagen als minimaler Datensatz), was geschehen ist und welche Gefahren an der Einsatzstelle erkannt wurden. Aus der Anzahl der Verletzten leitet die Leitstelle die notwendigen Nachalarmierungen ab. Wichtig ist auf jeden Fall zu erwähnen, wenn Verletzte (exponierte Personen) nicht zugänglich sind. Sind Personen an mehreren Stellen eingeklemmt, z. B. in verschiedenen Fahrzeugen, muss diese Tatsache unbedingt in der Leitstelle bekannt sein und gehört daher zwingend in die Rückmeldung. Sie erfordert unter Umständen weitere Alarmierungen von Fahrzeugen mit feuerwehrtechnischer Beladung, auf denen Rüstsätze verlastet sind. Müssen entsprechende Mittel erst nach Eintreffen der Feuerwehr bzw. nach der Erkundung des Einsatzleiters nachgefordert werden, vergeht eine zu große Zeitspanne, die sich auch auf die Verletzten und deren Vitalparameter negativ auswirken kann.

Tab. 11: Leitung übernehmen

- sichtbar die Führung übernehmen (ggf. durch Überwurfweste)
- eindeutige Anweisungen geben
- keine Aggression, aber Bestimmtheit
- Personal in Strategie einbinden

Für eine in der Leitung von Einsätzen oftmals unerfahrene Einsatzkraft ist es schwierig, deutlich sichtbar die Führung zu übernehmen. Wer dies tut, übernimmt ebenso deutlich sichtbar auch die Verantwortung für zu treffende Entscheidungen, oftmals mit weitreichenden Konsequenzen. Dennoch ist es unerlässlich, dass die einsatzführende Einsatzkraft und der ersteintreffende Notarzt sich für alle sichtbar kennzeichnen. Zu diesem Zweck sollte auf jedem Rettungsmittel eine entsprechende Weste mit Beschriftung vorgehalten werden. Die Farbgebung der Weste muss in das örtlich übliche Farbraster der Einsatzleitung sinnvoll eingegliedert werden. Denkbar ist auch eine Weste mit der Aufschrift „Leiter Erstversorgung“, in Analogie dazu „Notarzt“, die nach Eintreffen der entsprechenden Funktionsträger einfach an diese weitergegeben wird. Dadurch wird erfolgreich verhindert, dass es nach kurzer Zeit zu einem „Massenanfall von Führungskräften“ an der Einsatzstelle kommt. Eine weitere Schwierigkeit für die ungeübte Führungskraft liegt meist darin, die entwickelte Strategie in einfache und deutliche Worte zu kleiden und diese auch unter Stress möglichst emotionslos an die weiteren Einsatzkräfte weiterzugeben. Zu bedenken ist, dass Anweisungen und Befehle nur dann umgesetzt werden können, wenn alle Einsatzkräfte sie auch verstehen. Die Tiefe der Anweisungen sollte nicht zu sehr den Spielraum der Einsatzkräfte einschränken, alle Anweisungen müssen auch kontrollierbar sein. Des Weiteren sollte der Empfänger kurz den Auftrag/Befehl wiederholen, dadurch wird ausgeschlossen, dass eine Fehlinterpretation vorliegt. Zudem ist auf jeden Fall durch die einsatzführende Einsatzkraft zu beachten, dass Führung eigenes Arbeiten konsequent ausschließt.

Bevor mit der Erstversorgung der Verletzten begonnen werden kann, muss die Vorsichtung abgeschlossen sein. Das Ziel der Vorsichtung ist die Kategorisierung der Betroffenen, um so möglichst schnell die vital bedrohten Patienten zu identifizieren. Hierbei wird

Abb. 17: Lagebesprechung am ELW mit Führungskräften

Tab. 12: Vorsichtung / lebensrettende Sofortmaßnahmen

- Vorsichtung durchführen
- Sichtung nur durch einen Notarzt
- Eindeutigkeit herstellen (registrieren)
- vitale Gefährdung abwenden/lebensrettende Sofortmaßnahmen durchführen
- Versorgungsprioritäten bestimmen
- Transportprioritäten bestimmen

durch das Rettungsteam kein umfangreicher Bodycheck an den Patienten vorgenommen, sondern der Verletzte anhand von Sichtungsalgorithmen klassifiziert (Kap. 2.4.6).

Durch das Einschieben der längs gefalteten Sichtungsfarbe in die Patientenanhängetasche wird gekennzeichnet, dass der Patient bereits vorgesichtet wurde. Außerdem nimmt das Rettungsteam in dieser Phase lebensrettende Sofortmaßnahmen vor, z. B. die Beseitigung einer Atemwegsverlegung oder die Stillung einer bedrohlichen Blutung.

Dadurch dass in der Anfangsphase ein MANV sehr unübersichtlich ist, wird diese Vorsichtung nicht nur durch das Team des ersteingetroffenen Rettungsmittels nach der Ersteinschätzung/Erkundung durchgeführt, sondern weitere eintreffende Rettungsteams werden ebenfalls in diese Maßnahme eingebunden. Wichtigstes Ziel dieser ersten Vorsichtung ist es, den nachrückenden Einsatzkräften klare Anweisungen zu geben, an welcher Stelle der Einsatzstelle bzw. an welchem Patienten diese eingesetzt werden. Bei mehreren eingeklemmten Verletzten kann auf diese Weise bereits eine Reihenfolge der technischen Rettung festgelegt und anschließend mit der Feuerwehr abgestimmt werden. Sobald die Vorsichtung abgeschlossen ist, wird mit der Erstversorgung begonnen.

Der Arzt wird nach der Vorsichtung durch die Sichtung die getroffene Auswahl der Sichtungskategorie des nichtärztlichen Personals bestätigen oder diese entsprechend korrigieren. Eine Sichtung darf, wie auch die Feststellung des Todes, nur durch einen Arzt erfolgen. Er kennzeichnet seine Auswahl der Sichtungskategorie durch das Reinstecken der Sichtungsfarbe, die nun so entfaltet und eingesteckt wird, dass man die Karte durch das Deckblatt der Patientenanhängetasche erkennen kann. Somit ist für jeden erkennbar, dass dieser Patient durch einen Arzt gesichtet wurde.

Die an der Einsatzstelle befindlichen Rettungskräfte werden in der Erstversorgung zunächst die rot gekennzeichneten Patienten (SK I) versorgen. Im Anschluss werden die gelb (SK II) eingestuften behandelt, bevor die grün gekennzeichneten Patienten (SK III) versorgt werden.

An dieser Stelle ist zu erwähnen, dass auch Ersthelfer eine große Entlastung für den Rettungsdienst sein können. Sie können sich beispielsweise um die Leichtverletzten und um die Betreuung von unverletzt Betroffenen kümmern. Ersthelfer haben durch das Absetzen des Notrufes die Rettungskette in Gang gesetzt und werden bis zum Eintreffen des Rettungsdienstes oder der Feuerwehr bereits Erste-Hilfe-Maßnahmen durchführen. So können sie den ersteintreffenden Einsatzkräften wichtige Informationen zum Ereignis und zu den Verletzten geben. Ferner ist es heute durch neue technische Voraussetzungen möglich, dass Leitstellen über die Handykamera des Anrufers Livebilder von der Einsatzstelle erhalten können. Durch diese Bilder ist es dem Disponenten möglich, die Einsatzstelle früher zu bewerten und weitere, zielgerichtete Maßnahmen einzuleiten.

In der Anfangsphase, in der die Erstversorgung noch nicht sichergestellt ist, sollte auf Spontantransporte verzichtet werden. Dennoch wird es Patienten geben, die beispielsweise eine unkontrollierte Blutung in den Bauchraum haben. Sie werden nur durch diesen Spontantransport eine Überlebenschance besitzen. Hier muss die Führungskraft eine Entscheidung in Absprache mit dem Notarzt treffen.

Sollten sich beide zu einem Spontantransport entscheiden, so ist es unbedingt erforderlich, das ausgewählte Krankenhaus vorab zu informieren.

Ebenso muss der abtransportierte Patient erfasst und bei der Übergabe an den OrgL RD/LNA erwähnt werden.

> *Bei einem MANV 10 mit einem rot eingestuften Prioritätspatienten und neun grün gekennzeichneten Betroffenen ist es sinnvoll, einen RTW aus dem Einsatz mit dem Transport des Schwerverletzten unverzüglich zu beauftragen. Nicht sinnvoll wäre, eine RTW-Besatzung für den Transport eines Patienten ins Krankenhaus abzuziehen, wenn es acht rot gekennzeichnete Patienten, eine große Zahl von Prioritätspatienten und zugleich eine geringe Anzahl von Rettungskräften vor Ort gibt. Hier hat die Versorgung der Patienten vor Ort oberste Priorität, um ein bestmögliches Outcome für deutlich mehr rot eingestufte Patienten zu erzielen als für einen einzigen.*

3.2 Ordnung der Einsatzräume

Nachdem die Führung des Einsatzabschnittes Medizinische Rettung strukturiert wurde, müssen parallel dazu auch die Räume an der Einsatzstelle geordnet werden. Die sinnvolle und funktionale Raumordnung wird letztlich dazu führen, dass der Einsatz reibungslos abläuft. Im Wesentlichen gilt nach wie vor die Maxime, die verschiedenen Fachdienste – dies werden in der Regel Rettungsdienst, Feuerwehr und THW sein – räumlich getrennt voneinander aufzustellen. Zwangsläufig werden Feuerwehr und/oder THW die Nähe zur Einsatzstelle benötigen, um unter vertretbarem Zeitaufwand ihre technischen Gerätschaften in Stellung bringen zu können.

Dem Rettungsdienst ist ein Bereitstellungsraum außerhalb jeglicher Gefährdung und mit freier und möglichst getrennter An- und Abfahrtmöglichkeit zuzuweisen. Die Forderung nach sichtbar voneinander getrennten Räumen ergibt sich schon von selbst, da Rettungsdienst und Feuerwehr/THW zwei unterschiedliche Einsatzaufträge verfolgen. Menschenrettung hat bei beiden Priorität. Der Rettungsdienst besetzt Patientenablagen, sichtet vor, versorgt und transportiert. Die Feuerwehr wie auch das THW erledigen ihren Einsatzauftrag, Brandbekämpfung und/oder technische Hilfeleistung, und verlassen die Einsatzstelle erst wieder, wenn der Einsatz vor

Ort beendet ist. Werden beide Einsatzformen miteinander vermengt, kommt es unter Umständen zu Behinderungen (Abb. 18).

Neben einer erkennbaren Raumordnung für die Einsatzmittel (am besten bereits festgelegt durch die ersteintreffenden Kräfte) sind aber noch weitere Einsatzräume für den Rettungsdienst zu definieren. Selbstverständlich sind Menge und Größe benötigter Räume und Plätze stark lageabhängig, ebenso deren genaue Position innerhalb der Einsatzstelle, sodass sich an dieser Stelle nur allgemeine Forderungen beschreiben lassen. Der Einsatzabschnitt Medizinische Rettung besteht in der Regel aus folgenden Unterabschnitten:

- Erstversorgung 1 – X
- Transportorganisation
- Bereitstellungsraum.

Der Unterabschnitt Erstversorgung verfügt über weitere Unterabschnitte, die Patientenablagen. Möglich wäre auch der Unterabschnitt Behandlung, wo Behandlungsplätze abgebildet werden. Dieser Abschnitt würde bei großen, zeitintensiven MANV-Lagen oder bei einer Flächenlage, in der es mehrere MANV-Ereignisse parallel in einem Gebiet gibt, etabliert werden. Die Patienten würden in den Patientenablagen erstversorgt und dann geordnet zur weiteren Versorgung an den Behandlungsplatz übergeben. Im Behandlungsplatz (BHP) werden die Patienten stabilisiert und für den Transport in eine Behandlungseinrichtung vorbereitet.

Bei der Führung sollte grundsätzlich die 2-5er-Regel nicht überschritten werden. Hierbei können einem Führer zwei bis maximal fünf Einheitsführer unterstellt werden. Ist die maximale Anzahl von Unterstellungen erreicht, muss zwingend eine weitere Führungseinheit übergeordnet werden. Sollte eine Führungsebene bis zum Ende ausgereizt sein (flache Hierarchie), kann es für unerfahrene Führungskräfte schnell unübersichtlich werden. Es empfiehlt sich daher, ggf. schon bei drei Unterstellungen die Einrichtung einer weiteren Führungsebene zu erwägen. Durch diese

Abb. 18: Zugestellte Straße am Einsatzort

Einrichtung wird die Gliederungsbreite erweitert, aber entsprechend übersichtlicher.

3.3 Bildung von Einsatzabschnitten

Eines der großen Probleme taktischer Einsatzführung liegt in der Unübersichtlichkeit der Einsatzstelle. Eine Vielzahl von Einsatzstellen ist denkbar, deren Führbarkeit sich allein durch die Größe des Einsatzgebietes als sehr schwierig bis nahezu unmöglich erweist. Da die Größe der Einsatzstelle in ihrer Gesamtheit nicht veränderbar ist, müssen die zu führenden Bereiche übersichtlicher gestaltet werden. Die Lösung liegt darin, möglichst frühzeitig Einsatzabschnitte zu bilden. Erfolgen kann die Abschnittsbildung grundsätzlich nach

- taktischen Aufgaben oder
- räumlicher Zuständigkeit.

Beispiele für die taktische Aufgabenteilung sind z. B. die Tätigkeiten Menschenrettung, Brandbekämpfung und medizinische Rettung. Es gäbe dann z. B. einen Einsatzabschnitt Brandbekämpfung, einen Einsatzabschnitt Menschenrettung und einen Einsatzabschnitt Medizinische Rettung. Die Abschnittsbildung nach ausschließlich taktischen Aufgaben bietet sich jedoch für die rettungsdienstliche Führung an großen Einsatzstellen nicht unbedingt an, da der Rettungsdienst in der Regel zunächst die Erstversorgung der Patienten als einzige taktische Aufgabenstellung sicherstellen muss. Wesentlich sinnvoller erscheint die Teilung der Einsatzstelle in übersichtliche und damit führbare Segmente, also eine Einsatzabschnittsbildung mit räumlicher Zuständigkeit. Hier kann z. B. die Teilung der Einsatzstelle nach Himmelsrichtung (Einsatzabschnitt Nord, Einsatzabschnitt Süd) oder nach Fahrbahnseite oder je Fahrzeug (Bus, Lkw, Pkw) erfolgen.

Innerhalb dieser Einsatzabschnitte sind verantwortliche Abschnittsleiter einzusetzen, die über eine taktische Ausbildung verfügen. Für den Einsatzabschnitt Medizinische Rettung bedeutet dies, dass die Abschnittsleitung beim OrgL RD und beim LNA liegt. Der Unterabschnitt Erstversorgung wird durch den Fahrer des ersten NEF geführt, der optimalerweise über eine Gruppen- oder Zugführerausbildung verfügt. Die Patientenablagen werden anfangs durch RTW-Besatzungen, optimalerweise mit einer Gruppenführerausbildung, geführt, die im weiteren Verlauf durch Gruppenführer von Sanitätseinheiten oder Schnelleinsatzgruppen abgelöst werden. Die Bereiche Transportorganisation, Behandlung und Bereitstellungsraum sind umfangreich, sodass hier ausgebildetes Führungspersonal benötigt wird. Denkbar wäre, eventuell weiteren OrgL RD diese Aufgaben zu übertragen, wenn diese zur Verfügung stehen. Im Abschnitt Transportorganisation und evtl. im Bereich der Erstversorgung sollte zusätzlich ein Arzt eingesetzt werden. Ärzte sollten jedoch aufgrund ihrer geringen Verfügbarkeit eher in die medizinische Versorgung eingebunden werden.

Unterabschnitt Erstversorgung

Im Unterabschnitt Erstversorgung werden die Patientenablagen nach der 2-5(3)er-Regel (s. o.) geführt. Die Aufgaben sind die Sicherstellung der Erstversorgung in den Patientenablagen und ggf. im weiteren Verlauf der Abtransport der Patienten, wenn es keine Transportorganisation vor Ort gibt.

Unterabschnitt Patientenablage

Die Patientenablage ist eine „Stelle an der Grenze des Gefahrenbereiches, an der Verletzte oder Erkrankte gesammelt und, soweit möglich, erstversorgt werden und an der sie zum Transport an einen Behandlungsplatz oder weiterführende medizinische Versorgungseinrichtungen übergeben werden" (DIN 13050). Patientenablagen bilden sich meistens spontan, wo sich Ersthelfer bereits vor dem Eintreffen des Rettungsdienstes um die Verletzten kümmern.

Einen genauen Überblick über die Anzahl der Verletzten oder aber eine klare Struktur ist häufig nicht erkennbar. Aufgrund der (Vor-)Sichtungsergebnisse kann der Rettungsdienst ggf. diese spontan gebildete Patientenablage in eine strukturierte Patientenablage überführen. Damit die Patientenablage für den Rettungsdienst beherrschbar bleibt, sollte diese nicht mehr als zehn, max. 15 Verletzte (20 % SK I, 30 % SK II, 50 % SK III) aufweisen. Hierbei wird pro (liegendem) Verletzten eine Fläche von 3 × 3 m bzw. 2 × 3 m(6 – 9 m²) vorgesehen. Um in der Anfangsphase die Erstversorgung in der beschriebenen Patientenablage sicherzustellen, könnten als Richtwert ein NEF, zwei RTW und ein KTW/RTW benötigt werden:

Abb. 19: Transportplanung während des Einsatzes

- 2-mal SK I: 1-mal NEF inkl. Material sowie 1 RTW inkl. Material
- 3-mal SK II: 1-mal RTW inkl. Material
- 5-mal SK III: 1-mal RTW/KTW inkl. Material.

Transportorganisation

Die Transportorganisation (TO) kümmert sich um den geordneten Abtransport der Verletzten, da dies immer ein Nadelöhr bei MANV-Lagen darstellt. Durch die direkte Zuweisung von Krankenhäusern kann die verletzte Person mit einem geeigneten Transportmittel entsprechend transportiert werden. Die Transportorganisation kümmert sich des Weiteren um die Raumordnung der Ladezone sowie ggf. um den Transport aus den Patientenablagen zum Rettungsmittel (u. a. durch Trägertrupps). Bei kleineren MANV-Lagen (< 10 Patienten) wird dies durch den Leiter Erstversorgung mit übernommen.

Bereitstellungsraum

In der Feuerwehr Dienstvorschrift 100 (FwDV 100) ist der Bereitstellungsraum wie folgt definiert: „Der Bereitstellungsraum ist die Sammelbezeich-

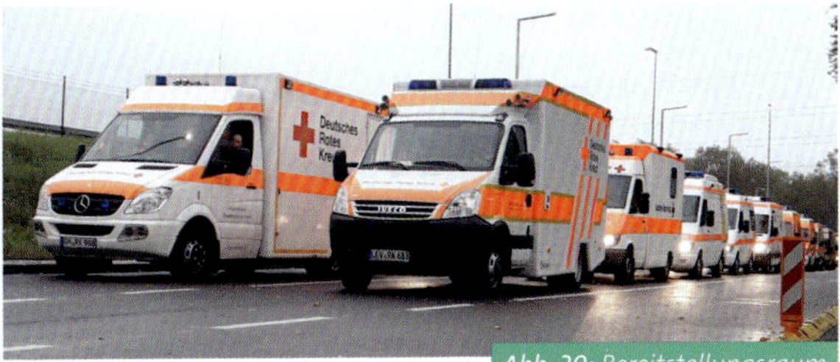

Abb. 20: Bereitstellungsraum

nung für Orte, an denen Einsatzkräfte und Einsatzmittel für den unmittelbaren Einsatz oder vorsorglich gesammelt, gegliedert und bereitgestellt oder in Reserve gehalten werden." Er dient also dem strukturellen Zuführen von Einsatzkräften und Einsatzmitteln in die Einsatzstelle. Durch die Etablierung eines Bereitstellungsraumes wird verhindert, dass die Einsatzstelle von allen Kräften direkt angefahren und dadurch ggf. zugefahren wird, weil sich Rettungsmittel gegenseitig blockieren (Abb. 18). Ferner werden Reserven gebildet, die bei einer dynamischen Lage geordnet bzw. gezielt in den Einsatz verbracht werden können, um eine Schadensausbreitung zu verhindern. Aber auch das Abrufen gezielter Rettungsmittel für den Transport von Verletzten ist dadurch gegeben.

Bei Sonderlagen der Polizei wird auf eine große Ansammlung von Einsatzkräften und Einsatzmitteln verzichtet, da hier ggf. eine große Gefahr für die Einsatzkräfte besteht, denn diese Örtlichkeit könnte ein weiteres Ziel eines Anschlags darstellen (Second Hit) oder im Bewegungsbereich aktiver Täter liegen. Aus diesem Grund wird hier oft auf die sogenannte Ringbereitstellung zurückgegriffen. Dabei handelt es sich um dezentrale Bereitstellungsräume, in denen zwei bis drei Einsatzmittel zusammengezogen werden, die dort in sicherer Entfernung zum Schadensgebiet auf ihren Einsatz warten. Logistisch bedeutet das seitens der Leitstelle einen deutlich höheren Aufwand, da hier nachgehalten werden muss, wo welche Einsatzmittel/-kräfte zur Verfügung stehen. In ländlichen Gebieten wird für die Ringbereitstellung häufig einer der Nachbarortschaften als Bereitstellungsraum genutzt.

4 Gefahrenlehre

Der größte Teil rettungsdienstlicher Einsätze hat ausschließlich die Abwendung akuter Lebensgefahr für einen Notfallpatienten zum Ziel. Normalerweise ist der Patient frei zugänglich, der Einsatz findet in der Wohnung oder auf der Straße statt, die Einsatzstelle ist meistens übersichtlich. Jedoch kommt es immer wieder zu Einsatzlagen, die zunächst der technischen Rettung des Patienten bedürfen bzw. bei denen darüber hinaus besondere Gefahren zu erwarten sind. Hier steht nicht die medizinische Behandlung im Vordergrund, sondern zunächst die Abwägung, ob eine Annäherung an den oder die Patienten für den Rettungsdienst überhaupt möglich ist.

4.1 Gefahren der Einsatzstelle

Unter subjektiv empfundenem Zeit- und Handlungsdruck und getrieben vom Wunsch, helfen zu wollen, ist es schwierig, zunächst eine Risikoanalyse zu machen und nicht dem Handlungsdruck nachzugeben. Eine Möglichkeit der systematischen Erfassung möglicher Gefahren der Einsatzstelle stellt das bereits erwähnte Gefahrenschema dar:

Atemgifte
Ausbreitung
Angstreaktion/Panik
Atomare Strahlung
Chemische (+ BRN) Gefahren
Erkrankung/Verletzung
Explosion
Einsturz
Elektrizität
+
Absturz
Biologische Gefahren
Ertrinken/Wassergefahren
Verkehr.

Die Gefahrenmatrix hilft bei konsequenter Anwendung, mögliche Gefahren der Einsatzstelle zu erkennen und sich davor zu schützen – falls der Rettungsdienst über entsprechende Möglichkeiten verfügt – bzw. adäquat auf Gefahren zu reagieren. Die Gefahrenmatrix sollte spätestens im Rahmen der ersten Erkundung durchlaufen werden, besser jedoch bereits während der Anfahrt, und im

Zuge der Beurteilung von Ort, Zeit und Wetter berücksichtigt werden. Das ersetzt keine örtlich spezifische Einschätzung der Gefahrenlage, gibt aber Anhaltspunkte zur systematischen Beurteilung möglicher Gefährdungspotenziale.

4.2 Gefahrenmatrix

Die Gefahren der Einsatzstelle wirken sowohl auf die Einsatzkräfte als auch auf die betroffenen Personen. An jeder Einsatzstelle ist immer abzuwägen, ob das Gefährdungspotenzial ein Risiko auch für

Tab. 13: Gefahrenmatrix

4A1C4E + ABEV	Menschen	Tiere	Umwelt	Sachwerte	Einsatzkräfte	Geräte
Atemgifte	X	X	X		X	
Ausbreitung	X	X	X	X	X	X
Angstreaktion/Panik	X	X			X	
Atomare Strahlung	X	X	X	X	X	X
Chemische (+ BRN) Gefahren	X	X	X	X	X	X
Erkrankung/Verletzung	X	X			X	
Explosion	X	X	X	X	X	X
Einsturz	X	X		X	X	X
Elektrizität	X	X		X	X	X
Absturz	X	X		X	X	X
Biologische Gefahren	X	X	X	X	X	X
Ertrinken/Wassergefahren	X	X		X	X	X
Verkehr	X	X		X	X	X

die Einsatzkräfte darstellt oder der Zugang zum Patienten ohne Eigengefährdung möglich ist. Im Zweifelsfall ist das Eintreffen der Feuerwehr oder des Technischen Hilfswerkes immer abzuwarten.

4.3 Verhalten im Einsatz

Nachfolgend sollen die Einzelgefahren anhand exemplarischer Einsatzlagen näher betrachtet und Strategien zur Gefahrenvorbeugung, Gefahrenvermeidung und Gefahrenabwehr aufgeführt werden, soweit dies durch den Rettungsdienst möglich ist.

Atemgifte

Atemgifte können in Einsatzlagen verschiedentlich auftreten, z. B. bei Brandereignissen, Einsätzen mit gefährlichen Stoffen und Gütern, wie der Chlorgasaustritt im Schwimmbad oder die CO-Lage. In vielen Fällen kann bereits der Einsatzmeldung entnommen werden, ob mit dem Auftreten von Atemgiften zu rechnen sein wird. Stellt sich die Lage nicht so eindeutig dar, muss vor Ort unbedingt eine Erkundung unter Eigenschutz erfolgen. Schon beim geringsten Verdacht auf Atemgifte an der Einsatzstelle ist unverzüglich die Feuerwehr nachzualarmieren, alle rettungsdienstlichen Einsatzkräfte ziehen sich umgehend gegen den Wind aus der Einsatzstelle zurück und halten einen Sicherheitsabstand von mindestens 50 m auf der windabgewandten Seite der Einsatzstelle (Abb. 21).

Werden Personen von der Feuerwehr gerettet, ist unbedingt für die Übergabe an den Rettungsdienst eine eindeutige Stelle (Übergabestelle) zu definieren. Erfolgt die Rettung unter umluftunabhängigem Atemschutz, ist das Gesichtsfeld des Feuerwehrmannes stark eingeschränkt. Die Übergabestelle sollte nicht zu

Tab. 14: Atemgifte
• Gefahr abwarten (Einsatztyp)
• Abstand halten
• Windrichtung beachten
• Personen erst retten lassen
• keine Brandstelle betreten
• Antidote bereithalten (Menge!)
• Abstimmung mit Feuerwehr

weit entfernt, aber auch nicht innerhalb des Gefahrenbereiches liegen. Sind bedingt durch die Freisetzung der Atemgifte Patienten mit Intoxikationen (z. B. Rauchgasintoxikation) zu erwarten, ist frühzeitig zu überlegen, ob ausreichende Mengen an geeigneten Antidoten mitgeführt werden bzw. in vertretbarer Zeit beschafft werden können. Auf jeden Fall ist eine gemeinsame Einsatzleitung mit der Feuerwehr zu bilden, da im Rahmen größerer Einsatzstellen auch erhöhter Abstimmungsbedarf besteht.

Ausbreitung

Zur Ausbreitung der Lage bzw. zur Ausbreitung der Gefahr kann es bei allen Brandeinsätzen durch Brandausbreitung, bei Rettungsdiensteinsätzen durch Infektion und bei allen Lagen im Verkehrsraum durch Auffahren von Fahrzeugen in die nicht abgesicherte Unfallstelle kommen. Außerdem kann die Lage dynamisch

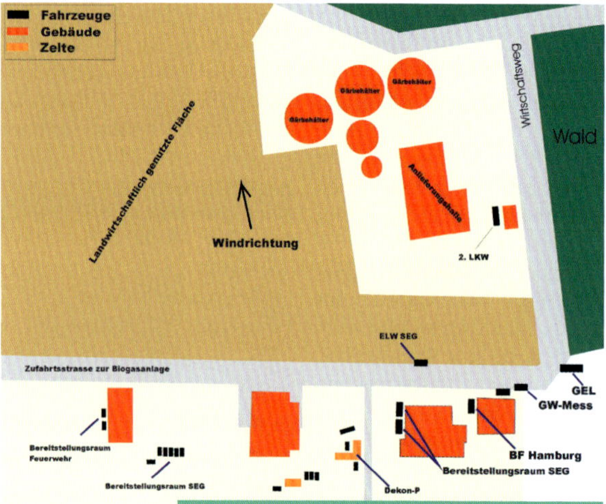

Abb. 21: Ordnung der Einsatzstelle bei Gasaustritt in einer Biogasanlage

eskalieren, wenn z. B. nicht konsequent erkundet wurde und sich nach und nach immer neue Fakten zur Lage ergeben, die fortwährende Nachalarmierungen weiterer Kräfte auslösen. Daher gelten die Regeln zur Erkundung auch für kleinere Einsatzstellen und nicht erst für den großen Busunfall. Eine besondere Ausbreitungsgefahr stellt die Dunkelheit dar. Insbesondere im Verkehrsraum muss die Einsatzstelle großzügig ausgeleuchtet werden. Dies dient der besseren eigenen Orientierung, aber vor allem wird die Wahrnehmung der Einsatzstelle durch andere Verkehrsteilnehmer deutlich verbessert. Auch wenn keine Personen eingeklemmt sind, keine Betriebsstoffe auslaufen und es nicht brennt, sollte frühzeitig die Feuerwehr zwecks Ausleuchtung alarmiert werden.

Tab. 15: Ausbreitung

- sorgfältige Erkundung
- Infektionsschutz
- klare Raumstrukturen schaffen
- Ausleuchtung
- Sichtung aller Betroffenen
- Absicherung der Einsatzstelle

Angstreaktion / Panik

Angstreaktionen ruft nahezu jede Einsatzlage hervor, vor allem größeren Umfangs wie z. B. ein MANV. Meist ist die vertraute Umgebung nachhaltig verändert oder sogar zerstört. Menschen, die einem nahestehen, sind verletzt oder soziale Strukturen durch Tod oder Verletzung auseinandergerissen. Die Rettungsfachkraft ist davon ebenso betroffen wie der Verletzte auf der Krankentrage. Grundsätzlich ist immer mit Angstreaktionen bei Einsatzlagen auf den Verkehrswegen Straße und Bahn zu rechnen. Hier werden wesentlich mehr Menschen betroffen sein als z. B. im Fall eines Hausunfalls. Nicht verletzte Personen, die unter Schock und unter dem Einfluss des Geschehens stehen, reagieren nicht kalkulierbar und werden schnell zu einem Führungsproblem.

Eine der wichtigsten vorbeugenden Maßnahmen der Einsatzkräfte besteht darin, eine solche Reaktion zu erwarten. Ansonsten ist die Gefahr sehr groß, von den unter Umstän-

Tab. 16: Angstreaktion / Panik

- Angst-/Stressreaktionen erwarten
- Situation des Betroffenen beachten
- Handeln und Reden
- Betroffene beobachten
- Einsatzkräfte beobachten
- Einsatznachsorge organisieren
- Betroffene ehrlich aufklären

den plötzlich einsetzenden Emotionen überrannt zu werden. Es ist nahezu unmöglich, kurzfristig einer entstehenden Panik entgegenzuwirken. Wichtig ist insbesondere im Rahmen der Panikprävention, aber auch um Ängste auszuräumen, mit den Menschen ehrlich zu reden, über Gefahren und zu erwartende Besonderheiten aufzuklären und somit ständig Zuwendung zu zeigen. Angstreaktionen zeigen selbstverständlich auch die Einsatzkräfte. Sie treten nicht immer während des Einsatzes auf, unter Umständen aber als Folge des erlebten Einsatzes. Hier kommt der Einsatznachsorge in Form strukturierter Nachbesprechungen durch kompetentes Fachpersonal der PSNV-E große Bedeutung zu.

Atomare Strahlung

Atomare Strahlung ist an den Einsatzstellen des Rettungsdienstes eher selten anzutreffen. Denkbar wären Szenarien im Straßenverkehr als Folge des Unfalls eines Speditionsunternehmens. Werden strahlende Elemente transportiert, sind die Sicherheitsvorkehrungen so ausgereift, dass ein Unfall mit Freisetzen des radioaktiven Strahlers nahezu ausgeschlossen ist. Werden die Strahlenquellen, bei denen es sich in der Regel um gering strahlende Elemente handelt, jedoch nicht fachgerecht transportiert, können diese plötzlich auf der Straße liegen. Erkennt der Rettungsdienst eine solche

Abb. 22: Kennzeichnung eines Fahrzeugs

Tab. 17: Atomare Strahlung

- Kennzeichnung beachten
- Abstand halten
- Messergebnisse berücksichtigen
- Schutzkleidung bei Patientenbehandlung tragen
- Abschirmung nutzen
- Aufenthaltsdauer gering halten
- geeignete Krankenhäuser suchen
- Absprache mit der Feuerwehr
- Behandlung nach Dekontamination

Strahlenquelle, muss sofort der Sicherheitsabstand auf 50 m vergrößert und die Feuerwehr alarmiert werden.

Alle Personen innerhalb des durch die Feuerwehr zu definierenden Gefahrenbereiches gelten zunächst einmal als kontaminiert. Kontaminierte Patienten sind auf keinen Fall ohne vorherige Dekontamination in einen RTW zu verbringen oder zu behandeln. Das Vorhandensein radioaktiver Strahlung ist ausschließlich messtechnisch zu erfassen. Daher bedarf es auch in diesen Einsatzlagen eines erhöhten Koordinationsbedarfs mit der Feuerwehr. Weiterhin denkbar sind Lagen in Laboratorien, Krankenhäusern oder Werkstätten. Auf jeden Fall ist immer die entsprechende Kennzeichnung zu beachten. Patienten sind ausschließlich in ein Krankenhaus zu bringen, das zur Behandlung von derartigen Patienten nachweislich geeignet ist. Ein solches kann über die Leitstelle erfragt werden.

Chemische (+ BRN) Gefahren

Die Wahrscheinlichkeit, dass Einsatzkräfte in Einsatzlagen mit chemischen, biologischen, radiologischen oder nuklearen Gefahrstoffen konfrontiert werden, ist hoch. Beispielhaft hierfür sind der Einsatz beim Versprühen von CS-Gas oder Pfefferspray auf Schulhöfen, der Chlorgasaustritt in Schwimmbädern oder der Verkehrsunfall mit Beteiligung von Kleintransportern, die geringfügige Mengen an Chemikalien oder nuklearer Natur geladen haben und somit die äußere Kennzeichnungspflicht umgehen (1.000-Punkte-Regel, ADR-Vorschrift). Bei Einsätzen mit Beteiligung von CBRN-

Tab. 18: GAMS- und GESAMD-Regel

GAMS-Regel	GESAMD-Regel
Gefahr erkennen	Gefahr erkennen
Absperrmaßnahmen durchführen (mind. 50 m)	Gefahr einschätzen
Menschenrettung einleiten (Eigenschutz beachten)	Spezialkräfte nachfordern
Spezialkräfte nachfordern	Absperrmaßnahmen einleiten (mind. 50 m)
	Menschenrettung einleiten (Eigenschutz beachten)
	Dekontamination (Not-Dekon Stufe 1)

Stoffen gilt es für die ersteintreffenden Kräfte, falls im Vorfeld noch nicht bekannt, die Gefährdungslage zu erkennen und entsprechend zu reagieren. Unter Beachtung der Gefahrenmatrix soll eine erste Erkundung gemäß dem Führungsvorgang erfolgen. Sollten sich die Einsatzkräfte mit entsprechenden Gefahrstoffen konfrontiert sehen, gilt es, die GAMS-Regel anzuwenden. Mittlerweile gibt es Empfehlungen, die GAMS-Regel zur GESAMD-Regel umzuwandeln, diese sind allerdings noch nicht endgültig umgesetzt und verbreitet.

Tab. 19: C (BRN)

- Unfalltyp/Kennzeichnung
- Zündquellen vermeiden
- Gefahrenanalyse durch Feuerwehr
- Antidote bereithalten (Literatur)
- Abstand halten (Windrichtung)
- Behandlung nach Dekontamination
- Absprache mit der Feuerwehr

Erkrankung / Verletzung

Primär ist dies die Gefahr der Einsatzstelle, für die der Rettungsdienst alarmiert wurde. Selbstverständlich sind damit nicht nur Erkrankungen/ Verletzungen an komplexen Einsatzstellen gemeint, auch die Behandlung einzelner Verletzter oder Erkrankter birgt immer die Gefahr zusätzlicher Verletzungen. Hier steht sicher die Nadelstichverletzung im Vordergrund. Konsequente und sofortige Entsorgung der gebrauchten Kanüle – und zwar durch den, der die Kanüle benutzt hat – steht an erster Stelle der Gefahrenabwehr.

Bei mehreren Verletzten führt eine nicht konsequent

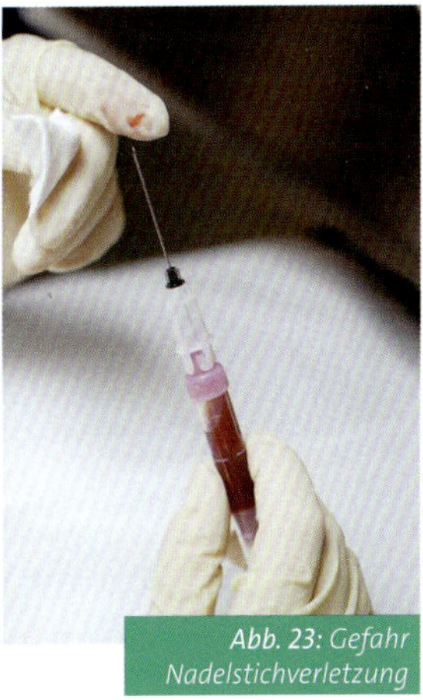

Abb. 23: Gefahr Nadelstichverletzung

Tab. 20: Erkrankung / Verletzung
• Eigenschutz beachten
• Material geordnet bereitstellen
• Infektionsschutz
• Sichtung aller Patienten
• Einsatzstellenmanagement

durchgeführte (Vor-)Sichtung zur Verschlimmerung der Erkrankung/Verletzung und damit sogar zur Ausbreitung der Lage. Verletzungen der Einsatzkräfte sind durch alle vorstehenden Einzelgefahren der Einsatzstelle möglich, die daher im Rahmen der Erkundung festgestellt und anschließend in ihrer Wirksamkeit bewertet werden müssen. Nur ein konsequentes Einsatzstellenmanagement führt dazu, dass Verletzungen weitestgehend ausgeschlossen bzw. vermieden werden können. Vor allem in unübersichtlichen Lagen, z. B. einem Verkehrsunfall mit mehreren verletzten und eingeklemmten Personen, einer Massenintoxikation im Kindergarten oder dem Wohnungsbrand mit mehreren Verbrennungspatienten, kommt dem klaren Einsatzstellenmanagement eine das Verletzungsrisiko mindernde Wirkung zu.

Explosion

Explosionen stellen nicht immer außergewöhnliche Gefahren der Einsatzstelle dar, wie uns einige Lagen der Vergangenheit bewiesen haben. Das Stichwort „Explosion" verbinden Einsatzkräfte des Rettungsdienstes oftmals mit dem in Vollbrand stehenden Pkw, der „gleich explodiert". Jedoch ist dies sehr unwahrscheinlich, da die physikalischen Voraussetzungen für eine Explosion nicht gegeben sind, z. B. ein geschlossener Raum. Allerhöchstens wird bei einer Drucksteigerung im Tank der Tankverschluss abspringen, vielleicht kommt es zu einer Verpuffung, aber akute Explosionsgefahr besteht nicht.

Greifbar ist diese Gefahr aber z. B. bei Gefahrgutunfällen, Einsatzlagen in Speditionshallen, Industrie- und landwirtschaftlichen Betrieben oder bei Kellerbränden in Häusern mit Gasanschlüssen. Für den Rettungsdienst gilt: Abstand halten und keine Zündquellen in und an die Einsatzstelle bringen, ohne nicht vorher dies mit dem Einsatzleiter der Feuerwehr abgestimmt zu haben. Bereitstellungsräume für die Rettungsmittel müssen in großzügigem Abstand zur Einsatzstelle eingerichtet werden. Wird die Explosionsgefahr erst im Zuge der ersten Erkundung erkannt, muss die Erkundung sofort abgebrochen werden. Alle Personen sind aus der Einsatzstelle zu entfernen, und es ist umgehend eine Lagemeldung an die Leitstelle abzusetzen.

Bei bestehender Explosionsgefahr ist mit der Feuerwehr abzustimmen, ob eine Räumung veranlasst werden soll. Für den Rettungsdienst

Tab. 21: Explosion

- Folgeexplosionen erwarten
- Zündquellen vermeiden
- Trümmerschatten beachten
- Trümmerkegel nicht betreten
- keine voreilige Rettung
- Hat der Airbag ausgelöst?
- Absprache mit der Feuerwehr

weniger aufwendig ist jedoch immer die Beseitigung der Gefahrenquelle durch die Feuerwehr. In den meisten Fällen wird dies auch die bessere und schneller umsetzbare Lösung sein. Es ist zu beachten, dass eine stattgefundene Explosion auch eine Folgeexplosion nach sich ziehen kann, z. B. durch weiterhin ausströmendes Gas aus dem Hausanschluss eines Wohnhauses. Eine besondere Form der Explosion stellt der nicht ausgelöste Airbag dar. Sicherste Prävention vor gesundheitlichen Schäden ist, sich nicht in den Wirkbereich des Airbags zu bringen, z. B. den eingeklemmten Patienten immer von der Rücksitzbank aus zu behandeln. Die weitere Sicherung der Airbags obliegt dann der Feuerwehr.

Einsturz
Die Gefahr „Einsturz" an der Einsatzstelle als Folge einer Explosion, eines Gebäudebrandes oder eines Unfalls im Verkehrsraum sollte gedanklich ergänzt werden durch die Gefahr „Absturz" (s. u. Akronym ABEV). Denkbar sind in diesem Zusammenhang Einsätze auf Brücken, im Gebirge oder Fahrzeuge, die nach einem Unfall abzustürzen drohen. Grundsätzlich gilt: Die erste Erkundung an solchen Einsatzstellen muss besonders sorgfältig und vorsichtig erfolgen, Trümmerkegel oder Einsturzmassen (s. Explosion) dür-

Abb. 24: Einsturz von Gebäuden nach dem Hochwasser im Ahrtal 2021

fen grundsätzlich nicht betreten und sichtbare, vielleicht sogar noch lebende Personen im Einsturzgebiet bzw. in den Gebäudetrümmern auf keinen Fall gerettet, nicht einmal bewegt werden. Es besteht die Gefahr, dass das zufällig neu entstandene Gefüge (die „neue Statik") durcheinandergebracht wird und es zu Folgeeinstürzen kommt.

Am Rande des Trümmerfeldes befindliche Personen können selbstverständlich gerettet und behandelt werden. Aber auch in diesem Fall ist darauf zu achten, dass keine Massen in Bewegung geraten. Die Rettung muss daher so erfolgen, dass das Trümmerfeld nicht betreten werden muss. Nach Absprache mit der Feuerwehr können die zugänglichen, aber vielleicht in den Trümmern noch eingeklemmten Personen ebenfalls behandelt werden. Um eine Behandlungs- und Rettungsreihenfolge festlegen zu können, bietet es sich an, durch Rettungsfachpersonal und/oder notärztliches Personal nach Eintreffen der Feuerwehr eine (Vor-)Sichtung durchführen zu lassen.

Tab. 22: Einsturz

- Umfeld beachten (oben und unten)
- Einsturzbereiche nicht betreten
- nachrutschende Massen beachten
- Behandlung nach Rettung
- Ist eine Sicherung der Vitalfunktionen möglich?
- Absprache mit der Feuerwehr

Elektrizität

Elektrizität als Gefahr der Einsatzstelle ist bei den meisten Lagen gegenwärtig, wir denken jedoch meist nur in ganz bestimmten Einsatzlagen daran. Das sind z. B. Eisenbahn-, U-Bahn- und S-Bahn-Unfälle, Hochspannungsunfälle, Unfälle in großen Werken und dergleichen. Aber schon bei Unfällen im häuslichen Bereich spielt Elektrizität eine Rolle. Grundsätzlich ist zu unterscheiden zwischen Niederspannung (bis 1.000 V) und Hochspannung (über 1.000 V), wobei die Höhe der Netzspannung die Vorgehensweise massiv beeinflusst.

Abb. 25: Autorisierte Einsatzkräfte der Feuerwehr

Im Bereich der Niederspannung kann die Einsatzkraft noch selbst abschalten und das Schaltorgan gegen Wiedereinschalten sichern. Im Hochspannungsbereich muss der Betreiber verständigt werden. Dessen Eintreffen ist auf jeden Fall vor Annäherung (Abstand 20 m) an den Patienten abzuwarten. Erst eine Fachkraft kann freischalten, gegen Wiedereinschalten sichern und anschließend erden. In der Nähe befindliche, auch weiterhin Spannung führende Teile müssen isolierend abgedeckt werden. Dieser ganze Vorgang braucht seine Zeit, daher sind überstürzte Aktionen nicht erforderlich und führen eher zur Gefährdung des Rettungsfachpersonals.

Im Bereich der Deutschen Bahn AG gelten bei elektrifizierten Strecken gleiche Verhaltensregeln wie beim Hochspannungsunfall. Ist der Fahrdraht beschädigt oder haben sich Teile des Zuges dem Fahrdraht genähert (typischer Bahnunfall bei Frontalzusammenstößen), darf die Einsatzstelle nicht betreten werden. In diesem Einsatzfall ist das Eintreffen des Bahnmanagers

Tab. 23: Elektrizität

- Unfallsituation beachten (Umfeld)
- Abstand halten und erkunden
- Betreiber verständigen (über Leitstelle)
- kurzschließen bzw. erden und gegen Wiedereinschalten sichern lassen
- Absprache mit der Feuerwehr
- Niederspannung/Hochspannung?
- Liegen zusätzlich Verbrennungen vor?

oder einer zur Fahrdrahterdung autorisierten Feuerwehr abzuwarten. Sind entweder der DB-Notfallmanager oder Fahrzeuge der Feuerwehr bereits an der Einsatzstelle, melden sich die Einsatzkräfte zunächst immer dort. Der Fahrdraht muss abgeschaltet und vor und hinter der Einsatzstelle geerdet (sichtbar mit der Schiene verbunden) sein, erst dann kann mit der Arbeit am Zug oder auf den Gleisen begonnen werden.

ABEV

ABEV ist ein Zusatz zum 4A1C4E Schema für Gefahren an der Einsatzstelle und steht für Absturz, biologische Gefahren, Ertrinken/Wassergefahren und Verkehr. Beim Einsatz in Höhen müssen Einsatzkräfte grundsätzlich gegen Absturz gesichert werden. Aber auch im Bodenbereich sollte ein Sicherheitsabstand eingehalten werden, um Verletzungsgefahren durch herabfallende Teile jeglicher Art zu minimieren.

Das Influenza-A-Virus H1N1 oder die EHEC-Bakterien sind Beispiele für eine biologische Gefahr. Mögliche Berührungspunkte für Einsatzkräfte sind Verkehrsunfälle (etwaige Kurierfahrten).

Wassergefahren sind bei allen Einsätzen an Seen, Flüssen oder Meeren denkbar. Hierbei spielt es für die Gefährdung eines Gebietes durch Wasser keine Rolle, ob diese von Gewässern, künstlichen Wasseransammlungen ausgeht (z. B. Hochwasser) oder durch andere Ereignisse verursacht wird (z. B. Wolkenbruch, bersten von Wasserspeichern). Es besteht nicht nur für den Hilfeersuchenden die Gefahr des Ertrinkens, sondern auch für die eingesetzten Einsatzkräfte. Aus diesem Grund müssen sich die Einsatzkräfte im unmittelbaren Gefährdungsbereich mit einer Schwimmweste und ggf. zusätzlich mit einer Leine sichern.

Im Verkehrsbereich kommt es immer wieder zu Unfällen mit Einsatzkräften, da Unfallstellen nicht ausreichend gesichert werden. Einsatzkräfte müssen daher im fließenden Verkehr immer geeignete Warnkleidung (u. a. Warnweste) tragen. Warneinrichtungen von Rettungsmitteln können vor und hinter der Unfallstelle so aufgestellt werden, dass sie rechtzeitig vom fließenden Verkehr wahrgenommen werden können. Dies gilt besonders in Kurvenbereichen und bei Bergkuppen. Innerorts sollte der Abstand zum Unfall bzw. die Absicherung mindestens 50 m, außerorts 100 m und auf Autobahnen 200 m betragen. Die Straßenverkehrsordnung (§ 15 StVO) spricht bei schnell befahrenen Straßen von 100 m. Des Weiteren sind neben Warndreiecken zugelassene Pylone, Leuchteinrichtungen oder die Umfeldbeleuchtung der Einsatzfahrzeuge zur Absicherung zu verwenden. Einsatzkräfte sollten bei jeder Maßnahme immer den fließenden Verkehr beachten und sich nach Möglichkeit am Fahrbahnrand, wenn vorhanden und wenn möglich hinter der Leitplanke, bewegen.

Alle vorstehend beschriebenen Gefahren können an den Einsatzstellen des Rettungsdienstes wirksam werden. Den besten Schutz bietet die aktive Auseinandersetzung mit dem Einsatzgeschehen schon während der Anfahrt. Dann wird schnell klar, dass die Bahnlinie z. B. elektrifiziert ist und die Einsatzstelle nicht ohne weitere Erkundung mit genau diesem Erkundungsschwerpunkt betreten werden darf. Die ständige bewusste Auseinandersetzung mit möglichen Gefährdungspotenzialen im täglichen Rettungsdiensteinsatz hilft, auch in unübersichtlichen Lagen einen klaren Kopf zu behalten. Gefahren werden dann nicht einfach übersehen bzw. nicht ausreichend erkundet und als Folge daraus gar nicht erst festgestellt.

4.4 Gefahrgutunfälle im Rettungsdienst – CBRN-Lagen

Im Einsatzspektrum des Rettungsdienstes kommt es z. B. im Rahmen von Unfällen im Straßenverkehr oder in gewerblichen Bereichen zu Einsätzen mit gefährlichen Stoffen und Gütern. Darum sollten dem Rettungsfachpersonal auch die aus CBRN-Lagen resultierenden Gefahren bekannt sein. Derartige Einsätze sind seltener, daher fehlen gerade dem Rettungsdienst oftmals entsprechende Bewältigungsstrategien. Hinzu kommen Gefahren, die nicht direkt erkennbar sind und somit einfach übersehen werden können. Eine weitere ungünstige Einflussgröße stellen Patienten dar, die durch gefährliche Stoffe kontaminiert wurden. So können sie eingeklemmt und schwer verletzt, aber für den Rettungsdienst – bedingt durch die Gefährlichkeit der transportierten Gefahrstoffe – nicht zugänglich sein.

- *Gefahrenvielfalt möglich*
- *Stoffidentifikation schwierig*
- *Rettungsdienst fehlt die Sensibilisierung*
- *Rettungsdienst fehlen technische Möglichkeiten*
- *Zusammenarbeit mit Dritten problematisch*

In diesen Lagen sind die enge Zusammenarbeit mit der Feuerwehr, Basiswissen zum Umgang mit gefährlichen Stoffen und Gütern sowie eine klar strukturierte Vorgehensweise von entscheidender Bedeutung für den rettungsdienstlichen Einsatzerfolg.

4.4.1 Kennzeichnung gefährlicher Stoffe und Güter

Laut einer Statistik des Forschungs-Informations-Systems (FIS) wurden 2018 in Deutschland 48 % (148,9 Mio. t) der Gefahrgüter auf der Straße transportiert, weitere 25 % (78 Mio. t) über das Schienennetz abgefertigt, 14 % (43 Mio. t) über den Seeverkehr sowie 13 % (42,4 Mio. t) via Binnenschifffahrt. Somit wurden 312,3 Mio. t Gefahrgüter inländisch transportiert. Am gesamten Güterverkehrsaufkommen ist dies ein Anteil von 8,3 %. Die Stoffe werden in allen Aggregatzuständen (fest, flüssig und gasförmig) befördert, daraus resultiert eine Vielzahl von unterschiedlichen Gefahren.

Entscheidend für den weiteren Einsatzverlauf, auch unter rettungsdienstlichen Aspekten, ist die eindeutige und zweifelsfreie Identifikation des transportierten Gefahrstoffes. Erst wenn eindeutig feststeht, welches Gefährdungspotenzial zu erwarten ist, können zielführende Entscheidungen getroffen werden. Trotz EU-weiter Harmonisierung der Kennzeichnung gefährlicher Stoffe und Güter bleibt dies auch weiterhin ein großes Problem im Einsatzfall, da die Vorschriften von Spediteuren und Fahrern nicht immer konsequent umgesetzt werden.

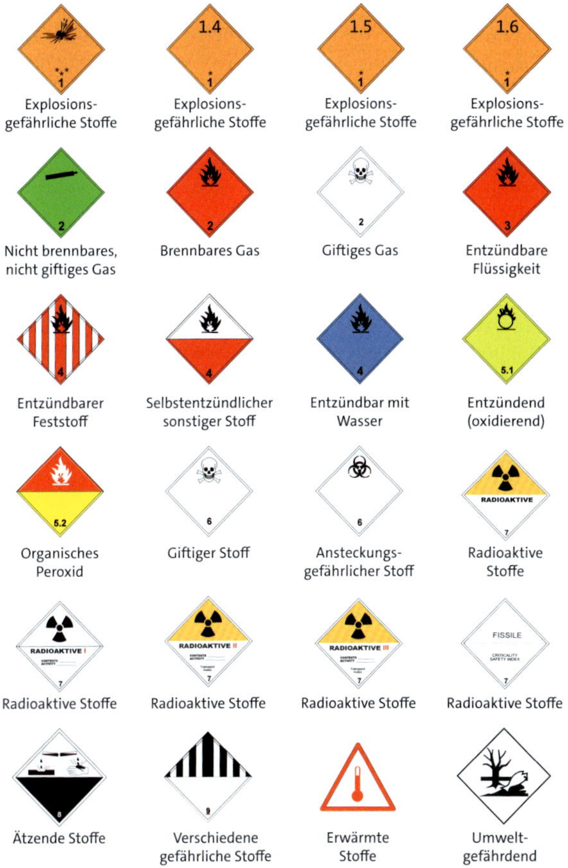

Abb. 26: Gefahrenzettel-Übersicht

Grundsätzlich sind die Gefahrgutkennzeichnung und die Kennzeichnung des Transportfahrzeugs voneinander zu unterscheiden. Wann was wie zu deklarieren ist, regelt die Gefahrgutverordnung, z. B. die Gefahrgutverordnung Straße Eisenbahn Binnenschifffahrt (GGVSEB). Gefahrenzettel dienen grundsätzlich der direkten Kennzeichnung des Gefahrgutes bzw. dessen Umverpackung und der Gefahrenvisualisierung für alle Verkehrsteilnehmer. Es handelt sich um ein auf der Spitze stehendes Quadrat, innerhalb dessen sich die Gefahrgutklasse und ein die Gefährdung eindeutig beschreibendes Symbol befinden (Abb. 26). Bei Tankfahrzeugen ist ein solcher Gefahrenzettel auch am Tank befestigt. Sind bestimmte Voraussetzungen erfüllt, muss über die Kennzeichnung des Gefahrgutes hinaus auch das Transportfahrzeug gekennzeichnet sein. Diese Kennzeichnung erfolgt mithilfe einer orangefarbenen Warntafel (Abb. 27), die in zwei Hälften geteilt ist. Oben findet sich die Nummer zur Kennzeichnung der Gefahr (Gefahrennummer) und unten die Nummer zur Kennzeichnung des Stoffes (Stoffnummer).

Die Nummer zur Kennzeichnung der Gefahr besteht aus zwei oder drei Ziffern. Die Verdopplung einer Ziffer weist auf die Zunahme der Gefahr hin. Die erste Ziffer beschreibt die Hauptgefahr, die zweite Ziffer die Nebengefahr. Wenn die Gefahr eines Stoffes ausreichend von einer einzigen Ziffer angegeben werden kann, wird dieser Ziffer eine Null angefügt. Das „X“ vor der Gefahrnummer weist darauf hin, dass der Stoff in gefährlicher Weise mit Wasser reagiert. Die Kennzeichnung mit dem Buchstaben „X“ hat auch ret-

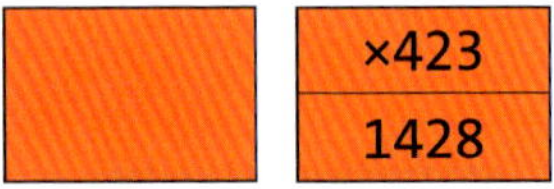

Abb. 27: Warntafel ohne und mit Kennzeichnungsnummer

Abb. 28: Zusätzliche Kennzeichnung mit Gefahrenzetteln

tungsdienstliche Bedeutung: Kontaminierte Patienten dürfen entweder nicht oder nur schwallartig mit Wasser dekontaminiert werden. Ist ein Patient mit einer so gekennzeichneten Substanz kontaminiert, ist er auch schnellstmöglich gegen Regen zu schützen, eventuell noch vor der technischen Rettung im Fahrzeug. Hierbei ist aber in jedem Fall der Eigenschutz zu beachten!

Tab. 24: Bedeutung der Warntafel-Kennziffern

2	Entweichen von Gas durch Druck oder durch chemische Reaktion
3	Entzündbarkeit von flüssigen Stoffen (Dämpfen) und Gasen oder selbsterhitzungsfähiger flüssiger Stoff
4	Entzündbarkeit von festen Stoffen oder selbsterhitzungsfähiger fester Stoff
5	oxydierende (brandfördernde) Wirkung
6	Giftigkeit oder Ansteckungsgefahr
7	Radioaktivität
8	Ätzwirkung
9	Gefahr einer spontanen heftigen Reaktion
0	ohne besondere Gefahr

Eine leere orangefarbene Warntafel an einem Stückgutfahrzeug, Tanklastzug oder Kesselwagen, die nicht abgedeckt wurde, steht als Kennzeichnung für den Transport mehrerer unterschiedlicher gefährlicher Stoffe und Güter oder explosiver Stoffe. Die Stoffe, die in einem Fahrzeug transportiert werden, sind dann jeweils an den Verpackungen bzw. am Transportgut gekennzeichnet. Beladungspapiere befinden sich im Fahrerhaus. Bei Flüssigkeiten kann sich die Kennzeichnung an den entsprechenden Tankkammern befinden, dann ist die orangefarbene Warntafel ohne Nummern vorn und hinten anzubringen. Bei bestimmten entzündbaren Flüssigkeiten wird bei Mehrkammertankfahrzeugen vorn und hinten die „gefährlichste" Gefahrkennzeichnung angebracht. Bei Stückgutfahrzeugen ist die Kennzeichnung für den Rettungsdienst meist nicht erreichbar, sie findet sich am Ladegut auf der Ladefläche.

Die Nummer zur Kennzeichnung des Stoffes besteht immer aus vier Ziffern. Die Identifikation des Stoffes erfolgt mithilfe von Datenbanken oder in Nachschlagewerken, die jeweils in den Leitstellen oder den Fahrzeugen der Feuerwehr an der Einsatzstelle vorgehalten werden.

Zahlreiche EDV-Anwendungen ergänzen die nachstehend aufgeführten Nachschlagewerke, teilweise in Leitstellensysteme integriert oder auf Notebooks als Sofortinformation an der Einsatzstelle.

Nachschlagewerke:

- *Hommel G et al. (Hrsg.) (2023) Handbuch der gefährlichen Güter. 37. Aufl., Springer, Heidelberg.*
- *Nüßler H-D (2020) Gefahrgut-Ersteinsatz. 10. Aufl., Storck, Hamburg.*
- *Kühn R, Birett K (2023) Gefahrgut-Schlüssel. 43. Aufl., Ecomed, Landsberg am Lech.*
- *Kühn R, Ridder K (Hrsg.) (Loseblatt) Gefahrgut-Merkblätter. Ecomed, Landsberg am Lech.*

4.4.2 Taktisches Vorgehen

Wie in kaum einer anderen Lage beeinflusst gerade die Vorgehensweise der ersten Einsatzkräfte maßgeblich den weiteren Einsatzerfolg. Dies begründet sich insbesondere darin, da aus der Menge der transportierten Stoffe resultierend eine ungeheure Gefahrenvielfalt die Einsatzabwicklung erschwert bzw. teilweise unmöglich macht. Grundsätzlich sind zwei Szenarien denkbar, die unterschiedliche taktische Herangehensweisen erfordern.

Fall 1:
Der Rettungsdienst wird zu einem bei der Alarmierung bekannten Gefahrgutunfall nachgefordert, die Feuerwehr befindet sich bereits an der Einsatzstelle. In diesem Fall ist die Einsatzleitung vor Ort direkt via Funk anzusprechen, um weitere Informationen sowie die Anfahrt und Aufstellfläche „Rettungsdienst" zu erfragen. Das Rettungsmittel wird mit ausreichendem Abstand aufgestellt, anschließend meldet sich der Fahrzeugführer des RTW oder NEF beim Einsatzleiter der Feuerwehr. Der Einsatzleiter der Feuerwehr legt das weitere taktische Vorgehen fest. Der Rettungsdienst hat eigenmächtige Entscheidun-

gen jeglicher Art zu unterlassen. Befindet sich die Feuerwehr noch nicht an der Einsatzstelle, obwohl sie schon alarmiert wurde, ist auf jeden Fall deren Eintreffen abzuwarten.

Fall 2:
Komplizierter wird es, wenn die Einsatzmeldung der Leitstelle nicht auf einen Gefahrgutunfall schließen ließ bzw. durch die Leitstelle nicht als ein solcher eingestuft wurde. Verkehrsunfälle mit Beteiligung eines Lkw, insbesondere eines Tankfahrzeugs, Bahnunfälle, Unfälle auf Speditionshöfen oder in Lagerhallen sollten beim ersteintreffenden Rettungsteam immer besondere Sorgfalt in der Wahrnehmung des Umfeldes auslösen. Hier kommt der gründlichen Lageerkundung eine hohe Bedeutung zu.

Die folgende Aufzählung ist nicht absolut und dient beispielhaft für mögliche Hinweise auf eine CBRN-Lage. Grundsätzlich gilt, bei Einsatzkräften des Rettungsdienstes eine Sensibilisierung für Gefahrstofflagen zu generieren, da sie oftmals als erste bei entsprechenden Szenarien vor Ort sind.

Mögliche Hinweise auf einen Gefahrgutunfall:

- *Sind Kleintransporter, Lkw, Tanklastfahrzeuge, Kesselwaggons, Tankschiffe oder Lagerhallen beteiligt?*
- *Sind Warntafeln zu erkennen?*
- *Ist eine Qualm- oder Rauchentwicklung erkennbar?*
- *Ist eine ausgetretene Substanz erkennbar?*
- *Sind besondere Gerüche oder Geräusche wahrnehmbar?*
- *Stehen Personen mit auffälligen Verhaltensweisen (z. B. Reizhusten) an der Einsatzstelle?*

Können eine oder mehrere der Fragen im Kasten positiv beantwortet werden, ist von einer CBRN-Lage auszugehen. Das weitere Vorgehen erfolgt nach der GAMS-Regel (Tab. 18). Es ist unbedingt abzuwägen, inwieweit die weitere Erkundung ohne Selbstgefährdung durchführbar ist. Auch eine weiträumige Umrundung der Einsatzstelle sollte aufgrund von möglichen Witterungseinflüssen (Wind) unterbleiben.

Folgende Fragestellungen sind im Rahmen der Erkundung „Gefahrgutunfall" besonders wichtig für die Beurteilung der Lage:

- Kennzeichnung des Fahrzeugs?
- Austritt von Gefahrgut?
- Besonderheiten wahrnehmbar?
- Sind Personen betroffen?
- Windrichtung?
- Anfahrtrichtung weiterer Kräfte?
- Achtung: Selbstschutz beachten!

Nach der Beurteilung der Lage muss umgehend eine Rückmeldung an die Leitstelle erfolgen. Die Inhalte der Rückmeldung müssen es dem Disponenten erlauben, sich ein genaues Bild von der Lage zu machen. Nur so wird er die der Lage angemessenen Einsatzmittel und Kräfte alarmieren können. Die Rückmeldung muss entsprechend des in Kapitel 2.4.5 beschriebenen Schemas kurz, präzise und eindeutig formuliert werden. Vor allem muss die Lagemeldung Informationen zur Substanz und ggf. zu deren freiwerdender Menge beinhalten. Die Menge des Stoffaustrittes sollte grob geschätzt werden. Dies hilft der Feuerwehr auf der Anfahrt bei der Überlegung zur möglicherweise taktisch sinnvollsten Vorgehensweise.

Lagemeldung an Leitstelle:

- Stichwort „Gefahrgutunfall“,

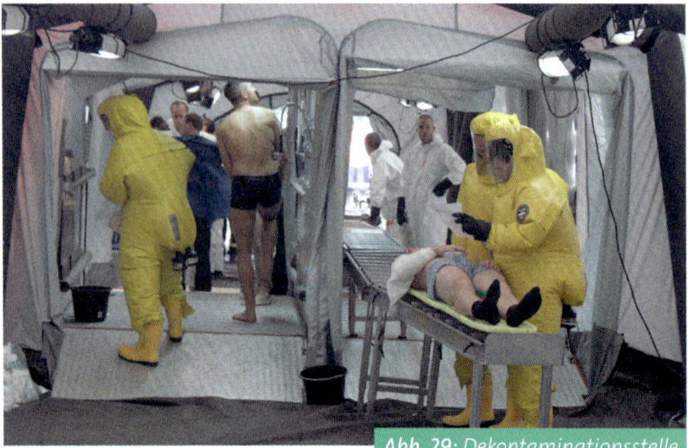

Abb. 29: Dekontaminationsstelle

- UN-Nummer (Stoff) der Warntafel (z. B. 1203),
- Stoffaustritt erkennbar,
- Ausmaß des Stoffaustrittes (geschätzt),
- Anzahl, Schwere und Lage der Betroffenen,
- Nachforderung Feuerwehr, Notarzt, LNA und OrgL RD,
- Frage: Windrichtung?
- Anfahrthinweis.

Auch wenn Personen eingeklemmt oder in Sichtweite schwer verletzt auf der Fahrbahn, aber im unmittelbaren Gefahrenbereich liegen, darf sich den Verletzten erst nach Freigabe durch die Feuerwehr genähert werden. Sind Patienten durch den freigesetzten Gefahrstoff kontaminiert, muss vor der Behandlung immer eine Dekontamination des Patienten in geeigneten mobilen Einrichtungen erfolgen. Feuerwehren und/oder die Hilfsorganisationen bzw. das Technische Hilfswerk halten abhängig von den örtlichen Strukturen Dekontaminationseinrichtungen vor.

Die Gesamteinsatzleitung an derartigen Einsatzstellen liegt aufgrund der zentralen Bedeutung der Eindämmung von speziellen Gefahrenpotenzialen bei der Feuerwehr. Schwerpunktaufgabe des Rettungs-

Abb. 30: Das Anlegen der kompletten persönlichen Schutzkleidung ist notwendig, sonst zählt die erste Besatzung wie hier ebenfalls als kontaminiert.

dienstes ist die Behandlung der durch die Feuerwehr geretteten Personen. Die Behandlung der Patienten erfolgt immer erst nach Dekontamination außerhalb des Gefahrenbereiches (Weiß-Bereich). Der Gefahrenbereich wird über Messergebnisse (z. B. Konzentration der Substanz in der Umluft) durch die Feuerwehr festgelegt und muss auch optisch erkennbar dargestellt werden. Hier ergibt sich ein engmaschiger Abstimmungsbedarf mit dem Einsatzleiter der Feuerwehr, um nicht eigene Einsatzkräfte zu gefährden.

5 Aus- und Fortbildung

Neben der selbstverständlich erforderlichen medizinischen Qualifikation müssen theoretisches Führungswissen und die praktische Umsetzung in Führungsfertigkeiten der zukünftigen rettungsdienstlichen Führungskraft vermittelt werden. Hierbei muss insbesondere das zuvor beschriebene rettungsdienstliche Führungsproblem berücksichtigt werden. In aller Regel werden diese Qualifikationen in theoretischen Unterrichten und Falldiskussionen behandelt. Diese Form der Vermittlung von Lerninhalten ist aber nur in der Lage, eindimensionale theoretische Zusammenhänge abzubilden. An MANV-Einsatzstellen greifen aber mehrdimensionale Handlungsabläufe unterschiedlicher Institutionen ineinander, z. B. Feuerwehr und Rettungsdienst, und laufen parallel zum Führungsgeschehen ab.

5.1 Führungskräfte

Auf der Basis der Erfordernisse und Soll-Vorgaben der Dienstvorschrift 100 wird eine Führungsausbildung Rettungsdienst mit den Stufen

- Gruppenführer,
- Zugführer,
- Verbandsführer und
- Organisatorischer Leiter

skizziert. Die Ausbildung verfolgt das Ziel, dass der Organisatorische Leiter Rettungsdienst eine fundierte Stufen-Führungsausbildung durchläuft. Hierbei soll er die ihm im Einsatz unterstellten Bereiche (u. a. Erstversorgung, Transport, Behandlungsplatz, Betreuung usw.) kennenlernen und befähigt werden, diese ebenfalls zu führen. Die Ausbildung zum OrgL RD ist derzeit in Deutschland völlig heterogen. Die meisten Schulen bilden auf der Führungsstufe B (Zugführer) aus. Um jedoch z. B. der Komplexität von Terrorlagen (dislozierte und mobile Lagen) gerecht zu werden, muss die Qualifizierung aller Einsatzkräfte, aber speziell der Führungskräfte neu betrachtet werden (vgl. Brüne und Knickmann 2016).

Abb. 31: Gemeinsame Übung mit allen Beteiligten von Feuerwehr und Rettungsdienst

5.1.1 Gruppenführer Rettungsdienst

Der Gruppenführer Rettungsdienst bildet die erste Stufe der Führungsausbildung im Rettungsdienst. Durch diese Qualifikation wird die Einsatzkraft befähigt, rettungsdienstliche Einheiten in Gruppenstärke zu führen und erweitert ihre Handlungskompetenz im Bereich MANV (Führungsstufe A). Als Bezug dienen in der Ausbildung Einsätze mit mehreren Patienten, z. B. nach einem Verkehrsunfall oder einem Wohnungsbrand. Auf dieser Basis wird das Aufgabenspektrum des Gruppenführers Rettungsdienst auf die Bereiche Führung einer Patientenablage mit ca. zehn Patienten, Führung eines Zeltes im Behandlungsplatz für fünf rot oder fünf gelb eingestufte Patienten sowie Führung von Transportkomponenten (Patiententransport-Zug 10 NRW mit vier RTW, zwei Notärzten und vier KTW) erweitert (vgl. Brüne und Knickmann 2016).

Im Rahmen der Qualifikation zum Notfallsanitäter haben mittlerweile viele Rettungsdienstschulen die Ausbildung zum „Gruppenführer Rettungsdienst" fest etabliert. Anders als bei der Ausbildung zum Rettungssanitäter bzw. -assistenten haben die Schulen heute mehr Möglichkeiten, dieses Thema ins Curriculum einzubinden.

5.1.2 Zugführer Rettungsdienst

Der Zugführerlehrgang bildet die zweite Stufe der rettungsdienstlichen Führungsausbildung, wodurch die Handlungskompetenz zum Führen von taktischen Einheiten bis Zugstärke auf die Führungsstufe B erweitert wird. Eine Führungskraft mit der Qualifikation Zugführer ist beim MANV erforderlich, um die Bereiche Erstversorgung (Führung von mehreren Patientenablagen), Bereitstellungsraum und Transportorganisation zu führen (vgl. Brüne und Knickmann 2016).

5.1.3 Verbandsführer Rettungsdienst inkl. Einführung Stabsarbeit

Der Verbandsführer Rettungsdienst bildet die dritte Stufe der rettungsdienstlichen Führungsausbildung. Die Teilnehmenden erlernen die Führung von Einheiten in Verbandsstärke nach den Führungsstufen C und D sowie die stabsmäßige Führung.

5.1.4 Organisatorischer Leiter Rettungsdienst

In der letzten Stufe der rettungsdienstlichen Führungskräfteausbildung findet die Qualifikation zum OrgL RD statt, wobei der Schwerpunkt auf besonderen rettungsdienstlichen Einsätzen und deren Schnittstellen liegt.

5.2 Einsatzkräfte

Der Einsatz bei einem MANV teilt sich in verschiedene einsatztaktische Abschnitte auf. Die Einsatzkräfte müssen wissen, was zu welchem Zeitpunkt des Einsatzes zu erfüllen ist. Sie sollen sich bewusst sein, welche Aufgabe sie wahrzunehmen haben und wann welche Strukturen greifen. Dies bedeutet, dass die Aus- und Fortbildung in kleinen Schritten erfolgen muss. Eine Schulung oder das Beüben des kompletten MANV-Konzeptes ist zu Beginn der Ausbildungsmaßnahme kontraproduktiv. Die ersteintreffenden Einsatzkräfte müssen z. B. in der Ersteinschätzung (Lageerkundung) sowie in der Vorsichtung inklusive der lebensrettenden Sofortmaßnahmen geschult sein. Sie sollten ein Verständnis vermittelt bekommen, was beim Auslösen der MANV-Stufe 10 oder 20 passiert. Darüber hinaus müssen sie lernen, einsatztaktische Entscheidungen zu treffen, die Auswirkungen auf den späteren Einsatzverlauf haben. Was hier grob für das ersteintreffende Rettungsmittel definiert wurde, betrifft auch den Leiter Patientenablage, Leiter Erstversorgung usw.

Abb. 32: Einsatzübung mit realen Einheiten

Somit muss im Vorfeld ein belastbares MANV-Konzept sowie ein Schulungskonzept entstehen, was in seine Einzelmodule zerlegt werden kann. Die Aus- und Fortbildungen erfolgen zunächst in Kleingruppen, in denen spezifisch die Aufgaben geschult werden. Dies bedeutet, die ersteintreffenden Einsatzkräfte üben ihren Teil, der Leiter Patientenablage, Leiter Erstversorgung usw. seinen Bereich. Im Anschluss werden einzelne Bereiche kombiniert und am Ende wird der Gesamtablauf in einer MANV-Übung erprobt.

6 Checkliste

20 Fragen zur Lage ...

... und ehrlichen Beantwortung! Sie haben die Fallstudie 1 systematisch erarbeitet, haben vielleicht auch fantasievoll die Lage weiterentwickelt? Beantworten Sie sich, bevor Sie jetzt an die Bearbeitung der zweiten Fallstudie gehen, noch folgende Fragen:

1. Sind Sie bei der Bearbeitung systematisch vorgegangen?
2. Haben Sie den Führungsvorgang konsequent genutzt?
3. Haben Sie sofort die Leitstelle über die Lage in Kenntnis gesetzt?
4. Haben Sie den Gefahrenschwerpunkt richtig erkannt?
5. Haben Sie eindeutige Einsatzbefehle formuliert?
6. Wie und wann haben Sie die Anfahrt weiterer Rettungsmittel organisiert?
7. Haben Sie Einsatzabschnitte gebildet?
8. Wie haben Sie die Einsatzabschnitte kommunikativ zusammengeführt?
9. Haben Sie eine Medizinische Abschnittsleitung gebildet?
10. Wurden die Patienten (falls Sie welche gefunden haben) konsequent gesichtet?
11. Nach welchem Modell haben Sie die Vorsichtung durchgeführt?
12. Haben Sie bei der Erkundung auf die Gefahren der Einsatzstelle geachtet?
13. Wie haben Sie die Kennzeichnung der Einsatzkräfte realisiert?
14. Was haben Sie sich mit dem Einsatzleiter der Feuerwehr abgestimmt?
15. Was haben Sie zur Registrierung und Sichtungsdokumentation eingesetzt?
16. Wie haben Sie (wenn erforderlich) Spontantransporte umgesetzt?
17. Haben Sie die Leitstelle über alle Entscheidungen ausreichend informiert?
18. Haben Sie eine Checkliste eingesetzt?
19. Haben Sie an sich Unsicherheiten bei der Entscheidungsfindung erkannt?

20. Würden Sie nach der Lektüre dieses Buches anders vorgehen?

Und jetzt viel Spaß bei der Bearbeitung des zweiten Fallbeispiels; der Musterlösung widmen Sie sich bitte erst dann, wenn Sie selbst eine Lösung erarbeitet haben.

7 Fallstudie 2

7.1 Lagebeschreibung

Ihre Stadt mit ca. 150.000 Einwohnern liegt direkt an einer Hauptfahrtstrecke der Deutschen Bahn AG. Regelmäßig verkehren dort verschiedene Regional- und Güterzüge zwischen zwei großen Ballungsräumen. Die Bahnstrecke ist eingleisig und nicht elektrifiziert. Der größte Teil der Bahnstrecke verläuft auf einer aufgeböschten Bahntrasse in etwa 10 m Höhenunterschied bei einem Bahndammwinkel von etwa 45°. Ihre Rettungswache (vier RTW, zwei NEF) versorgt die Stadt, etwa 15 km Bundesautobahn und ein Industriegebiet. Die nächste Rettungswache ist etwa 15 km entfernt. Den Brandschutz stellt eine Berufsfeuerwehr sicher.

An einem Freitag im Dezember um 14.30 Uhr, bei Temperaturen um die 2 °C und leichtem Schneefall werden Sie zu einem Unfall auf einer Landstraße mit dem Einsatzstichwort „Personen von Brücke gestürzt" alarmiert. Sie sind Notfallsanitäterin des NEF, das zu diesem Zeitpunkt mit einem Internisten als Notarzt besetzt ist. Einsatzstelle ist die einzige Bahnüberführung (Brücke) Ihrer Stadt, etwas außerhalb gelegen, mitten in einem Waldstück. Gleichzeitig mit Ihnen werden noch zwei Rettungswagen alarmiert. Die Leitstelle teilt Ihnen mit, dass es sich um zwei Verletzte handeln soll. Als Sie an der Bahnbrücke eintreffen, bietet sich Ihnen noch aus dem Fahrzeug heraus das folgende Bild:

- Von der Brücke hängt ein Waggon eines Regionalzuges halb herunter, darunter scheint ein Kleinbus zu liegen.
- Der Personenzug scheint halb umgefallen zu sein.
- Es laufen etwa 25 bis 30 Menschen auf den Gleisen, um den Zug auf der Brücke und auf der Straße unter der Bahnbrücke herum.
- Noch bevor Sie aussteigen können, kommen Leute auf Sie zu, die teilweise blutüberströmt sind und um Hilfe rufen.
- Den Aussagen entnehmen Sie, dass der Personen-

zug wohl „einfach von der Brücke gefallen sein soll" und den Kleinbus unter sich begraben hat.

7.2 Aufgabenstellung

Bitte beschreiben Sie auch bei dieser Fallstudie die weitere Vorgehensweise und nehmen Sie sich dazu am besten ein Blatt Papier und einen Stift. Machen Sie sich ein Bild der Lage, vielleicht sogar eine dazu passende Skizze. Übertragen Sie die Lage gedanklich in Ihren persönlichen Einsatzbereich und erarbeiten Sie Ihre individuelle Vorgehensweise. Setzen Sie wieder die Ihnen tatsächlich zur Verfügung stehenden Mittel und Kräfte ein. Diskutieren Sie einmal im Kreis Ihrer Kollegen und Kolleginnen, wie diese die Lage an der Bahnbrücke einschätzen. Was haben Sie an Ihrer Vorgehensweise festgestellt? Sind Sie unter Umständen systematischer vorgegangen, hat sich etwas verändert? Denken Sie etwas taktischer?

7.3 Musterlösung

Nachfolgend soll anhand des Führungsvorgangs die Vorgehensweise beispielhaft dargestellt werden. Es sollte Sie aber nicht davon abhalten, eine eigene Lösung zu entwickeln. Und beachten Sie dabei, was Sie zwischenzeitlich gelernt haben – systematisch vorzugehen, spart letztendlich Zeit bei der Entscheidungsfindung. Die nachfolgende Musterlösung berücksichtigt nur die „Eintreffsituation", mögliche Entwicklungen der Lage finden keine Berücksichtigung.

Beurteilung der Meldung

Die Einsatzmeldung erscheint zunächst nicht logisch und wird auch nicht klarer durch die Nachalarmierung eines weiteren RTW. Es ist davon auszugehen, dass es sich wahrscheinlich nicht nur um eine „von der Brücke gestürzte Person" handelt. Augenscheinlich liegen der Leitstelle keine eindeutigen Fakten vor, sodass der Disponent kein klares Bild der Lage vor Ort bekommen konnte. Daraus ist abzuleiten, dass möglichst schnell eine Rückmeldung erfolgen muss.

Beurteilung der „allgemeinen Lage" (unveränderlichen Faktoren) bereits vor der Anfahrt

1. Ort → Die Bahnstrecke am Unfallort ist eingleisig und nicht elektrifiziert. Die Gefahr der Einsatzstelle „Elektrizität", eine auf Bahnstrecken typische Gefährdung, entfällt somit. Auch die Gefährdung durch vorbeifahrende Züge auf dem Parallelgleis braucht nicht berücksichtigt zu werden. Die eingleisige Strecke ist für den weiteren Zugverkehr gesperrt, solange sich ein Zug im Blockabschnitt befindet.

2. Zeit → Die Uhrzeit (14.30 Uhr) lässt zumindest im Dezember befürchten, dass es in etwa einer Stunde dunkel sein wird und als eine weitere unangenehme Begleiterscheinung die Temperatur deutlich sinken wird. Die Fahrzeugvorhaltung und die Verfügbarkeit ehrenamtlicher Kräfte werden ebenfalls wesentlich von der Tageszeit bestimmt, sollen aber im Rahmen der Musterlösung zur Vorgehensweise nicht berücksichtigt werden.

3. Wetter → Leichter Schneefall und die Temperatur beeinflussen die Versorgung möglicherweise verletzter Personen, falls diese nicht direkt in den RTW transportiert werden können. Hier ist auf jeden Fall darauf zu achten, möglichst schnell für Wärmeerhaltung der Patienten zu sorgen. Unter Umständen kann die Anfahrt weiterer Kräfte erschwert werden.

Eintreffen an der Einsatzstelle

Augenscheinlich weicht die Einsatzmeldung der Leitstelle deutlich von der tatsächlichen Lage vor Ort ab, und ohne jede weitere Erkundung erfolgt noch aus dem Fahrzeug heraus die erste „Lagemeldung auf Sicht" bzw. der „Ersteindruck": „Personenzug von Brücke gestürzt, beteiligter Kleinbus unter Personenzug auf Straße, ca. 25 bis 30 Exponierte auf Gleisen und Straße, unklare Anzahl Exponierter im Zug und im Fahrzeug, Weiteres folgt."

Anschließend beginnen Sie mit der Erkundung, wobei etwa zeitgleich der erste RTW eintrifft. Sinnvoll erscheint an dieser zunächst unübersichtlichen und in zwei Höhen geteilten Einsatzstelle die Aufgabenteilung der Einsatzkräfte. Gefahrenschwerpunkt ist zunächst der abgestürzte Regionalzug, der unter Umständen zu einer Ausbreitung der Lage durch Einsturz oder Absturz führen könnte. Die Notfallsanitäterin des NEF teilt daher die Einsatzkräfte wie folgt ein:

Besatzung des RTW → Betreuung der augenscheinlich betroffenen Personen, die die Gefahr der Einsatzstelle „Angstreaktion" zeigen und ebenfalls zu einer Ausbreitung der Lage beitragen könnten bzw. selbst gefährdet sind. Der RTW soll als Patientenablage der gehfähigen Personen eingesetzt werden.

Besatzung des NEF → Lageerkundung, Erkundungsschwerpunkt am Kleinbus unter Beachtung der Gefahren der Einsatzstelle. Zur Einschätzung der Gefahren wird durch die

Tab. 25: Beurteilung der Gefahren

Atemgifte	nicht vorhanden
Ausbreitung	Nachrutschen des Zuges, Umherirren der Personen
Angstreaktion/Panik	umherlaufende Personen
Atomare Strahlung	nicht vorhanden
Chemische (+ BRN) Gefahren	nicht vorhanden
Erkrankung/Verletzung	vorhanden, wahrscheinlich ausschließlich Traumapatienten
Explosion	nicht vorhanden
Einsturz	Nachrutschen des Zuges
Elektrizität	nicht vorhanden
Absturz	Nachrutschen des Zuges, Absturz von Exponierten
Biologische Gefahren	nicht vorhanden
Ertrinken/Wassergefahren	nicht vorhanden
Verkehr	Bahnstreckensperrung, Straßensperrung

Notfallsanitäterin des NEF einmal die Gefahrenmatrix bewertet (Tab. 25).

Nach Bewertung der zu erwartenden Gefahren der Einsatzstelle scheint eine erste Lageerkundung gefahrlos möglich zu sein. Es muss lediglich im Bereich der Brücke mit einem überdurchschnittlichen Gefährdungspotenzial gerechnet werden. Der Notarzt übernimmt die Hauptaufgabe der ersten Sichtung der Patienten. Notfallsanitäterin und Notarzt erkunden gemeinsam die Einsatzstelle, wobei sich folgendes Erkundungsergebnis darstellt:

Art und Umfang → Ein Regionalzug ist von der Bahnüberführung direkt auf die darunter liegende Landstraße gestürzt und hat dabei einen Kleinbus unter sich begraben. Ein Teil des Zuges befindet sich noch oben auf dem Bahnkörper, Lokomotive und zwei Waggons liegen auf der Straße bzw. hängen von der Brücke.

Besondere Gefahren → Über die oben beschriebene Gefahrenanalyse hinaus sind keine weiteren Gefahren der Einsatzstelle erkennbar.

Anzahl und Lage der Verletzten, Schweregrad der Verletzungen → Neben den schon erkannten 25 bis 30 herumlaufenden Personen ergibt die Erkundung, dass noch etwa acht bis zehn Personen eingeklemmt in den Trümmern des Zuges liegen. Sechs Personen befinden sich im Kleinbus und sind augenscheinlich auch eingeklemmt. Somit ergeben sich etwa 30 leicht verletzte Personen und etwa 15 schwer verletzte Personen.

Raumordnung → Aufgrund der engen Landstraße und in Ermangelung erreichbarer, ausreichend großer Plätze ist die Raumordnung praktisch schon vorgegeben. Die Aufstellung der Rettungsmittel soll in deren Fahrtrichtung entlang der Straße erfolgen. Nach Möglichkeit sind Feuerwehr und Rettungsdienst in getrennten Bereitstellungsräumen aufzustellen.

Der Notarzt sichtet parallel zur ersten Lageerkundung die Patienten und hängt diesen, soweit erreichbar, eine Patientenanhängetasche aus der auf dem NEF befindlichen Sichtungstasche um. Somit sind alle Patienten erfasst und gekennzeichnet.

Nach Abschluss der Lageerkundung formuliert die Notfallsanitäterin des NEF eine erste ausführliche und strukturierte Lagemeldung an die Leitstelle:

„Regionalzug von Bahnbrücke gestürzt, darunter liegt ein Kleinbus, auf dem Bahnkörper befinden sich noch drei Waggons des Zuges, teilweise umgestürzt. Im gesamten Zug und im Kleinbus sind etwa 15 schwer verletzte Personen eingeklemmt, weitere 20 betroffene Personen werden bereits durch die Besatzung des ersten RTW betreut, Stichwort auf MANV 40, Bahnunfall 3 erhöhen, alle Fahrzeuge des Rettungsdienstes auf die westliche Landstraßenseite, Fahrzeuge der Feuerwehr nach Möglichkeit auf die östliche Seite, Weiteres folgt."

An dieser Stelle wollen wir aus der Musterlösung aussteigen. Und da kommt schon erste Kritik auf? Selbstverständlich ist die Lagemeldung etwas zu lang geraten. Aber es ist nahezu unmöglich und nicht sinnvoll, eine solch komplexe Lage noch mehr verbal zu verdichten. Der Leitstellendisponent muss sich ein Bild der Einsatzstelle machen können, die anfahrenden Fahrzeuge, die eventuell mithören können, sollen informiert sein und somit bereits auf der Anfahrt erste Schritte planen können.

Nehmen Sie sich jetzt etwas Zeit, und spielen Sie die Lage mit Ihren Mitteln und Kräften gedanklich weiter durch. Entwickeln Sie auch gern eine andere Möglichkeit der Vorgehensweise der ersteintreffenden Rettungsmittel. Auch die gedankliche Auseinandersetzung mit solch komplexen Lagen schafft „Einsatzerfahrung". Und die können Sie bestimmt einmal gebrauchen.

Eines sollte auf jeden Fall deutlich geworden sein: Einsatztaktische Fragen sind ebenso wichtig wie medizinische Probleme. Die Tätigkeit im Rettungsdienst ist eben nie eindimensional, sie ist vielschichtig und immer wieder eine Herausforderung.

Anhang

Literatur

Brüne F, Pohlheim W, Kalff D, Lenz W (2014) Die Patientenablage. Stumpf + Kossendey, Edewecht.

Brüne F, Knickmann A (2016) OrgL-RD-Ausbildung in NRW, Gruppenführer und Zugführer Rettungsdienst. IM EINSATZ 23 (3): 147 – 149.

Bundesärztekammer (1995) Empfehlungen zur Qualifizierung des Leitenden Notarztes beim Massenanfall Verletzter und Erkrankter. In: Mendel K, Hennes P (Hrsg.) Handbuch des Rettungswesens. Mendel, Witten.

Diedrich D, Mitschke T, Teuber M (2019) Einrichten und Betreiben von Bereitstellungsräumen. 2. Aufl., Stumpf + Kossendey, Edewecht.

Knickmann A, Neumann S, Subat T (2021a) Ersteintreffendes Rettungsmittel beim MANV. 4. Aufl., Stumpf + Kossendey, Edewecht.

Knickmann A, Neumann S, Subat T (2021b) Transportorganisation. Stumpf + Kossendey, Edewecht.

Müller S, Jansch A, Hill G, Fischer P (2023) Notarzt und Notfallsanitäter beim Terroranschlag. 3. Aufl., Stumpf + Kossendey, Edewecht.

Knickmann A, Oberkinkhaus J, Piepho T (Hrsg.) Handbuch für Organisatorischen Leiter und Leitenden Notarzt. 4. Aufl., Stumpf + Kossendey, Edewecht.

Rheinfelder W, Pesch J (2023) Der Betreuungsplatz. 3. Aufl., Stumpf + Kossendey, Edewecht.

Schläfer H (1998) Das Taktikschema. 4. Aufl., Kohlhammer, Stuttgart.

Schreiber J (2018) MANV mit CBRN-kontaminierten Verletzten. 3. Aufl., Stumpf + Kossendey, Edewecht.

Abbildungsnachweis

Alle hier nicht genannten Abbildungen stammen von den Autoren oder Herausgebern oder wurden vom Verlag nach deren Angaben erstellt.

Berufsfeuerwehr Frankfurt am Main: Abb. 22, 28

Bundesamt für Bevölkerungsschutz, Deutsche Gesellschaft für Katastrophenmedizin e. V.: Abb. 13, 14

R. Beyer: Abb. 11

BilderBox: Abb. 23

DRK-Landesverband Nordrhein, Bonn: Abb. 1

S. Drolshagen: Abb. 8, 16

P. Knacke: Abb. 18

P. Köhler: Abb. 24

S. Krone: Abb. 9

O. Meyer: Abb. 25

M. Will: Abb. 21

Autoren und Herausgeber

Autor

Achim Hackstein hat eine feuerwehrtechnische Ausbildung und die Ausbildung zum Rettungsassistenten absolviert, war viele Jahre stellvertretender Leiter des Malteser Schulungszentrums Nellinghof bevor er dann Leiter des kommunalen Teils der Kooperativen Regionalleitstelle Nord in Harrislee wurde. Nebenbei hat er eine Mediationsausbildung und eine Ausbildung zur „Systemischen Beratung und Supervision" absolviert.

Bearbeiter

Andreas Knickmann ist Notfallsanitäter, Verbandsführer/OrgL, Lehrbeauftragter bei der Verwaltungsberufsgenossenschaft, Dozent an der Bundesakademie für Bevölkerungsschutz und Zivile Verteidigung sowie an diversen Bildungseinrichtungen im Bereich MANV, Redaktionsmitglied der Fachzeitschrift IM EINSATZ, Herausgeber/Autor verschiedener Fachbücher, u. a. „Handbuch für Organisatorischen Leiter und Leitenden Notarzt".

Sven Neumann ist Notfallsanitäter und mitverantwortlich für die Stabsstelle MANV im Landkreis Leer. Er ist Führungskraft bei der Feuerwehr sowie OrgL des Landkreises und war zuvor acht Jahre lang Wachleiter der Hauptwache des Rettungsdienstes. Aktuell ist er als Leiter der Stabsstelle Qualitäts- und Risikomanagement bei der Kooperativen Regionalleitstelle Ostfriesland tätig. Er ist Mitglied verschiedener Arbeitskreise im Themenfeld MANV und polizeiliche Lagen. Als Gastdozent unterrichtet er an der Bundesakademie für Bevölkerungsschutz und Zivile Verteidigung sowie an weiteren Bildungseinrichtungen in den Bereichen MANV, Katastrophenmedizin und Führungslehre. Seit 2017 begleitet er den Redaktionsbeirat der Fachzeitschrift IM EINSATZ und ist Mitautor des „Leitfaden Evakuierung" sowie der „Taschenkarten Stabsarbeit".

Herausgeber

Frank Flake ist Kaufmann, Notfallsanitäter, Praxisanleiter und Dozent im Rettungsdienst. Derzeit ist er als Leiter

Rettungsdienst beim Landkreis Oldenburg tätig. Er ist 2. Vorsitzender beim Deutschen Berufsverband Rettungsdienst e. V. Weiterhin ist er ERC-ALS-Instruktor und Kursdirektor; EFQM-Assessor, externer Auditor und Organisatorischer Leiter Rettungsdienst. Er ist Mitarbeiter bei verschiedenen Fachzeitschriften sowie Autor und Herausgeber zahlreicher einschlägiger Buch- und Zeitschriftenveröffentlichungen.

Prof. Dr. phil. Klaus Runggaldier ist Notfallsanitäter, Berufs- und Wirtschaftspädagoge, Diplom-Gesundheitslehrer, Dekan und Professor für Medizinpädagogik an der Medical School Hamburg, University of Applied Sciences and Medical University, Geschäftsführer der Falck Rettungsdienst und Krankentransport GmbH, Fachzeitschriftautor und Herausgeber zahlreicher Buchveröffentlichungen; Lehraufträge an nationalen und internationalen Hochschulen; internationaler Assessor und Gutachter für die Akkreditierungsagentur im Bereich Gesundheit und Soziales (AHPGS).